深度工作法

如何让工作更富成效

鸿智博 著

企业管理出版社
EMPH ENTERPRISE MANAGEMENT PUBLISHING HOUSE

图书在版编目（CIP）数据

深度工作法：如何让工作更富成效 / 鸿智博著．—北京：企业管理出版社，2018.6

ISBN 978-7-5164-1715-7

Ⅰ．①深…　Ⅱ．①鸿…　Ⅲ．①工作方法－通俗读物　Ⅳ．①B026-49

中国版本图书馆CIP数据核字（2018）第093888号

书　　名：深度工作法：如何让工作更富成效
作　　者：鸿智博
责任编辑：陈　静
书　　号：ISBN 978-7-5164-1715-7
出版发行：企业管理出版社
地　　址：北京市海淀区紫竹院南路 17 号　　　　邮编：100048
网　　址：http://www.emph.cn
电　　话：编辑部（010）68701661　发行部（010）68701816
电子邮箱：78982468@qq.com
印　　刷：三河市华晨印务有限公司
经　　销：新华书店
规　　格：170 毫米 ×240 毫米　　16 开本　　16 印张　　210 千字
版　　次：2018 年 9 月第 1 版　　2018 年 9 月第 1 次印刷
定　　价：49.00 元

北京汉哲咨询 董事长　段磊

依依股份公司 董事长　高福忠

北京新兴华安智慧科技 董事长　瞿敏伟

北京经典智业咨询 董事长　尹彦林

河北华能中天集团 董事长　李润年

河北廊坊北盛森磨具 董事长　许群英

北京恒鼎智信管理顾问公司 董事长　刘广智

鹰睿集团 董事长　张天耀

——联合推荐——

北京致通振业税务师事务所 董事长　李记友

中国讲师网 CEO　刘庆云

华师经纪公司 董事长　王贤福

北京均函咨询 董事长　谢志华

北京特卫安防 董事长　陈铁权

北京软通数码 董事长　司汝军

北京先闻道讲师经纪公司 董事长　崔宏民

——联合推荐——

序 1
PREFACE

深度工作法：
做肤浅世界的深度信徒

在日本料理界有三位公认的“食神”，其中被誉为“天妇罗之神”的早乙女哲哉几乎成了“天妇罗”这项日本料理的代名词。从15岁开始，早乙女哲哉便进入一家天妇罗的料理店学习这项美食。如今，年过70的早乙女老先生依旧坚持每天工作十个小时。这是他一辈子养成的工作习惯。在他做天妇罗的日子里，除了生病休息之外，从来没有因为私事而关过自己的铺子。50多年的经营让他至少炸出超过3000万份天妇罗美食。

曾经有人问过他：“你觉得这50年长吗？”

早乙女先生认真地想了想，然后说：“不长，一眨眼就过去了，我都没觉得日本有什么变化。”

在料理大师早乙女哲哉眼中，从事制作天妇罗50年，只不过是弹指一挥。或许在很多人来看，一份工作做了50年是一件十分漫长且艰难的事情，但是这位面容和蔼的老人却云淡风轻地说“不长”，或许，这就是匠人独有的工作深度吧。

与早乙女先生的深度工作相比，现代职场中的很多员工一直都在“肤浅工作”，即在受到干扰的情况下，做对认知要求不高的事务性任务。此类工作通常不会为自己以及企业创造太多新的价值，且容易复制。

这种肤浅工作的状态几乎在每一个现代职场人身上都会发生。比如，原本正在认真工作，眼神扫到手机闪烁的信息灯时，立刻翻开手机，生怕错过什么很重要的事情，然而绝大多数情况下收到的都是一些不痛不痒的信息。这对自身的工作既没有任何帮助，又浪费了很多时间。最让人受不了的是，当你的客户、你的领导、你的同事、你的员工轮番询问你的工作进展时，你会挂了电话回电子邮件，电子邮件写到一半又拿起手机回复微信。

到了中午，你原本打算叫一份外卖，可还没等下单你就已经趴伏在办公桌上陷入昏睡，等到清脆的键盘声将你吵醒时，你会沮丧地发现一不小心又错过了饭点。你的同事已经端坐在电脑前准备投入下午的漫长战斗中，而你则空着肚子继续处理手头上沉重的工作，并且还不时被外界所打断。好不容易熬到下班，你发现同事们几乎都完成了自己的工作，你却由于忙碌而收获甚微，不得不留在公司加班追赶进度。

最初，还有几个同事陪你一起挑灯奋斗，可渐渐地你发现偌大的公司只剩下自己。你起身冲杯咖啡，对着电脑屏幕苦笑，短暂的休息之后，你再次投入工作当中。

对你来说，一天 24 小时，可工作似乎需要 48 小时才能完成。当你半夜拖着沉重的身躯回到家时，累得连吃一碗泡面的力气都没有，只能把灯一关，上床睡觉。然而过不了几个小时，繁忙的一天又将开始……

这就是你想要的工作吗？相信绝大多数人都在心中默念了很多个“不”！由此可见，在科技飞速发展的时代，由于信息将我们的生活和工作进行了分割，导致我们的深度工作能力差，在某种意义上来说每个人都有能力做到，但却不是所有人都愿意去做。

对于想要提升自己工作效率的职场人而言，最需要的便是深度工作。当你的生活与工作被割裂成碎片时,你的时间就会在这些碎片中被无声无息地吞噬。虽然你可以将这一切归咎于各种干扰，但你仍然失去了大把的时间。与其怪罪他人，倒不如想想接下来你要怎么做——是继续没有目的的随波逐流，还是决心突破自己，做出改变。

这本《深度工作法》具有两个目标，其一让你相信深度工作的真实性，其二则是教会你如何利用一些实用的方法做到深度工作。根据本书介绍的方法去工作，不仅可以锻炼你的大脑，提高你的工作效率，更能从根本上改变你的工作习惯，从而增强你的职业关键竞争力。

本书以实现每个职场人“深度工作”为梦想，为奔波于工作中的职场人介绍深度工作的意义、法则以及技巧和运用方法，希望能够帮助职场人尽快完成属于自己的职场三连跳！

——清华大学职业经理人中心主任　王志华

序 2
PREFACE

致低水平勤奋者：

工作的深度，决定努力的价值

有句谚语："早起的鸟儿有虫吃"。在很多西方的商业精英看来，要想成功，就要做到：别人工作的时候你拼命工作，别人休息的时候你还得拼命工作。

胡润研究院曾经发布了一份有趣的报告：研究所工作人员走访了超过500名至少是千万身家的富豪，调查他们的作息时间后发现，这些富豪每天的平均睡眠仅为6.6个小时，而超过三成的亿万富豪睡眠则不足6个小时。

华为集团创始人任正非就是这些富豪的典型代表。他除去吃饭、睡觉之外，几乎将所有的时间和精力都投入工作中。在十几年前，任正非便养成了早起健身的习惯。通常，任正非每天不到四点就会起床。在简单的洗漱之后，他会先做40分钟的有氧运动，吃过简单的早餐之后，就会坐上往公司的专车，开始工作。在华为公司的总部，人们时常能够看见这样的标语：世界上最可怕的事情就是比你优秀的人比你还要努力。作为华为公司最有权力的BOSS，任正非用自己的亲身行动向员工证明了这句话。

对于一个年迈的老人而言，这种每天扑到工作上的行为的确体现出一种非常让人钦佩的精神。但是，更让人敬佩的是他努力工作所蕴含的巨大价值。

通常，人们只习惯观察别人展示在公众面前的日程安排，其实这些工作只是那些成功者浮于水面的冰山一角，而更重要的工作，往往是蕴藏在水面以下的那一部分。对于任正非而言，支撑起这种忙碌的，其实是他数年以来殚精竭虑的调研报告和事无巨细的推敲验证等大量的工作，以及超高的工作效率。

也就是说，真正决定任正非工作价值的，并不是表面上我们看得见的忙得“七荤八素”的日程，不是那些肤浅的表象，而是存在于他表象背后真正的工作“深度”。也就是说，世界上最可怕的事情并不是那些努力工作的人，而是那些努力工作并且掌控深度工作方法的人。

在现实工作中，绝大多数普通员工的努力容易停留在表面上。虽然和一些商业精英相比，他们也付出了相同的时间，但遗憾的是他们并没有掌握有效的深度工作方法，因而工作效率一直无法得到显著提高。

小 A 是一名刚刚步入职场的实习生。在她最初工作的那段日子里，只要电子邮箱里一有什么“风吹草动”，她就会立即停下手中的一切事情，开始回复工作上的电邮。

在小 A 看来，这就是敬业，是对客户重视的表现。

实习期间，由于刚摸索工作，因此工作量不大，小 A 这样“秒回”电邮的方式还能够不耽误自己的工作，但随着工作上手后任务量的增加，问题出现了。小 A 发现，自己每天的工作效率异常缓慢，几乎所有的事情都只干一半，没有一件事情是完整的。

小 A 很苦恼，因为她这样的工作效率实在是太差了。于是，小 A 在之后的工作中刻意观察周围的前辈，看他们究竟是怎样工作的。小 A 发现同事每天收到的邮件要比自己多得多，但那些正在处理工作的同事几乎都不会在第一时间回复邮件，而是先将手中的工作做完，然后再逐个打开那些被“遗忘”在邮箱里的电邮。

小 A 也学着同事的样子，开始以新的方式工作。每天早上到达公司之后，她先在很短的时间内集中处理完邮件，然后完全投入工作当中。在这个过程中收到的任何电子邮件她都没有去看，而是等到手头工作收尾之后，再开始阅读同事或者客户的邮件，然后按照轻重缓急进行回复。

过了一阵子，小 A 发现这样做工作效率确实很高。尽管绝大多数时候一心投入工作中无法第一时间回复邮件，让一些心急的客户来催，询问自己是否收到邮件，但总体上也都能确保及时回复邮件，更不存在遗漏或者写到一半就发出去的情况。

小 A 的经历使她明白了原来工作并不是看一个人加班加到多晚，并不是看一个人在工作中表现得有多勤奋，有多努力，真正要看的是这个人的工作深度。只有工作的深度才能决定一个人的努力是否具有价值。如果一个人的工作深度不够，那么不管他怎样努力，怎样勤奋，都是低效率的勤奋者，从本质上来说和一条工作效率低下的“咸鱼”没有区别。

美国心理学家卡尔·纽波特在自己的工作中总结出了这样一条经验：“在无干扰的状态下专注进行职业活动，使个人的认知能力达到极限。这种努力能够创造新价值，提升技能，而且难以复制。”这是对深度工作的最佳注释。

在如今风云莫测的职场中，有些人依靠身份晋升，而有些人则凭借天赋逆袭，如果现实中的你并没有这两种资源，那么就只能依靠深度工作去打拼天下了。正如“深度工作”之父卡尔·纽波特所说：“深度的工作才是优质工作。”

——中国海洋大学管理学院 MBA 中心主任　刘勇

目录
CONTENTS

第 1 章

深度工作的意义：

为什么职场需要深度工作法

Deep Work Rules

现代职场中，每一个对自己负责任的职场精英都会对工作无比投入，对工作充满激情，积极主动地去思考，他们并没有将工作当成一种负担，他们更像是纵横在繁忙工作中的游戏达人。许多著名的成功人士，如马克·扎克伯格、J.K. 罗琳、比尔·盖茨等人，都是深度工作法的践行者，他们之所以能够成为万众瞩目的明星，除去天赋之外，更重要的是他们具备深度工作的能力。

深度工作法是职业成功的最大技巧

为明天做准备的最好方法就是集中你所有的智慧和热忱，把今天的工作做得尽善尽美，这就是你应付变幻职场的唯一方法。

作为职场人，你是否经常在办公室奋斗到零点才拖着沉重的身躯匆匆回家，然而工作成效却微乎其微？和其他同事相比，你的工作效率低得可怕，你是否认真思考过问题出在哪里，是工作原因还是自身原因？

想要提升工作效率吗？不妨尝试一下“深度工作法”，这是一种当下最流行的可以有效提升职场人工作效率的工作方法。

深度工作法是指在一段时间内，处于一种无干扰的环境中，保持全神贯注、心无旁骛地进行“高效率工作”。这是当今许多职场精英能够在短时间内完成工作的秘诀之一。因为在无干扰的状态下专注地进行某项工作，可以使个人的工作以及认知能力达到极限。这种工作方法几乎适合所有的工作种类。在国外，就连大名鼎鼎的《哈利·波特》之母 J. K. 罗琳女士也曾用这种方法进行过工作。

深度工作法不仅可以为职场人创造独特的价值，还能够提高他们在公司内的不可取代性。

冯小白上大学时，班里有一位“学霸”，他的高考分数让许多人为之咋舌。冯小白出于好奇，经常偷偷地观察他，观察他的学习方法，是不是和众多“尖子生”一样天天去图书馆里埋头苦读。然而，冯小白并没有在图书馆遇到过他几回，反而经常能在足球场上看见他奔跑的身影，据说，他不仅足球踢得好，就连一些热门电脑游戏的技术也可以碾压众人，不仅如此，他还是班里的活跃分子，各种集体活动都不会落下，时常穿梭在各种社团里。大学里的精彩生活，似乎让他感到很开心。

上了大学，适当调节一下紧张的生活无可厚非，可令冯小白感到奇怪的是，平时没见他怎么看书，课堂上也没看见他有什么特别之处，可是每次考试的时候，他的分数总是排在前几名，还能轻松拿到学校里的各类奖学金。这让冯小白颇受打击：“怎么自己天天泡在图书馆里学习，还总挂科？”后来，冯小白经过认真思考得出结论：智商是造成这种差别的关键。因为这位学霸的高智商是全班公认的。想明白这点，冯小白也就不再关注这位学霸了。

直到冯小白工作两年之后，在一次和同事的交流中，他第一次听到了“深度工作”这个词语。整天的忙碌并非一定忙得有价值，工作时间的长短和收益也并非一定是成正比的关系。这时的冯小白才回想起来，那个曾经压得他喘不过气的“学霸”似乎不只是智商高，而且还掌握着一项深度工作的“神技能”。

“深度工作”与时下的热门话题“工匠精神”有着异曲同工之处，都是追求工作中的极致效率。从另一个层面来说，深度工作也可以等同为深度思考，追求一种高度专注的状态。在深度工作法中，有很多实用的方法策略可供每位职场人士参考和选择。

方法定制

深度工作都有哪些方法？

苦修式工作法：减少甚至取消一切社交和外部联系，保证自己不受干扰地进行工作。例如阿尔贝·加缪这位曾经获得过诺贝尔文学奖的作家，在 20 世纪 40 年代那个世界动荡不安的年代，意外地染上了肺结核。他怕传染给别人，故意将自己关在一个小房间里，无聊的他只能通过写作来打发时间，后来，他发现在这种与世隔绝的环境下，写作的状态和效率都是前所未有的。

双重模式法：安排一段时间专注于工作，然后安排另一段时间专注于社交。微软创始人比尔·盖茨就有这样的习惯，无论工作多么繁忙，都会在一年里抽出至少 10 天的时间专门用于思考和写作，以及在社交网站上与关注微软的粉丝进行互动。

除此之外，深度工作的方法还有很多，并且实施起来都没有多少难度。对于工作中长期缺乏专注力的职场人而言，想要掌握深度工作的能力，就必须通过长期的练习让自己养成一种良好的工作习惯。无论何时，工作方法都不是一种可以买卖的商品，纵使你有再多的钱也无法立刻得到它。很多工作中的好习惯和方法就像一件精美的手工 DIY，需要我们亲自制作、打磨，并最终拥有它。

一种通过练习才能获得的能力，意味着耐心、等待、克服欲望。如果我们愿意走出自己内心的舒适区，运用深度工作法去挑战自己的能力极限，我们将很可能收获充满意义的职场人生。

深度思考

日常工作中，每个人待在公司的时间几乎都是相同的，为什么你每天忙忙碌碌操劳八小时，却赶不上别人四小时的工作价值，请结合自己的具体情况分析一下阻碍你提升工作能力的原因。

深度工作能帮助你迅速掌握困难的事情

在职场中，任何人都会遇到困难，就看你能不能战胜它。战胜了，你就是职场精英，就是公司的明星。

在职场中，遇到从前没有解决过的困难是在所难免的，很多人对于突如其来的复杂任务感到措手不及，从心里感到焦虑迷茫，导致工作上频频出错。其实，你大可不必自责，在工作中，你必须要清楚一点，所有的事情开始时都是困难的。因为你从未接触过，所以不了解流程，不具备处理突发问题的条件，这其实也是一个磨合的过程。不仅是与工作的磨合，也是自己跟自己的磨合。职场人都会有这种迷茫期，所以，首先要克服的就是自己的心理状态，其次就是工作流程问题。这就要求你在工作中要高度专注，深度工作。

在电网技术的领域，陈晓宇这个名字十分响亮。他曾通过自己工作上的出色表现两次获得江苏省科技进步二等奖，两次获奖的研发产品均具有技术创新性的突破。他不仅自身技术水平过硬，而且工作中还能够做到脚踏实地、埋头苦干。在他的感染和带领下，团队攻克了一个个技术难关，取得了一个又一个喜人的成绩，既保障了电网的安全稳定运行，又为市民的用电安全保驾护航。

十年前，天津市政府打算建立一所功率为 220kV 的“陈甫数字化变电站”，这则新闻一出，在当时受到了多方面的重点关注。如果这所数字化变电站能够正式建设并且投运，那么就代表着中国在电网技术上更上一个台阶，要知道，在此之前，国内并没有全数字化的 220kV 变电站。

经过天津市政府多方联系，最终找到了陈晓宇的团队。陈晓宇和团队成员探讨了十五个小时，终于下定决心接下这个艰巨的任务。陈晓宇的目标是一年内攻克这一项目中的所有技术难关，并开发出一整套全新可靠的系统来满足现场需求。

繁重的工作量给项目开发人员带来了巨大的压力。陈晓宇身先士卒，在承担研发任务的过程中，积极跟进此项目开发的重要节点，并随时支援各个项目团队的工作。在工作中，陈晓宇逐渐陷入一种痴迷的状态当中，很多个夜晚加班熬夜、凝眉思考，无数次与团队沟通、重点攻关。

他经常在半夜接到电话或者休息日临时赶到现场解决问题，对他来说，这种工作状态已经成为一种常态。为了能够让产品更加适应现场的需求，陈晓宇积极参与现场的调试与问题排查，现场的每一个小问题都不放过。不仅如此，多数时候就连下班之后，他还通过各种通信工具和全国各地的知名工程师进行网络沟通。正是凭借这种深度工作的状态，陈晓宇和他的团队顶住了压力，经过近一年的时间，顺利完成技术攻关任务，确保了该项目的安全投运。

对职场人来说，陈晓宇这种面对复杂任务时所表现出来的工作状态值得我们学习。深度工作正是这种需要我们耐得住寂寞，顶得住压力，经得住考验的一个过程。当工作需要时，我们能够始终怀着强烈的事业心和责任感去完成每一项繁杂的任务。

方法定制

在工作中如何快速解决所遇难题？

1. 投入和沉迷

面对工作中的难题，最正确的方法就是全身心地投入对难题的研究之中，甚至是沉迷其中，专心致志地寻找解决问题的办法。要知道，害怕和退缩没有任何意义，只能导致失败

2. 自我暗示，树立信心

英国著名哲学家罗素说过：“遇到不幸的威胁时，认真而仔细地考虑一下，糟糕的情况可能是什么？正视这种不幸，找到充分的理由使自己相信，这毕竟不是那么可怕的灾难。”

在现实工作中，我们总能经历这样那样的困难，可那又怎样？即便是最坏的情况，也无法彻底摧毁一个人的信心。在面对事业中最坏的可能性时，要充满自信地对自己说：“不管怎样，这没有太大的关系。”这样，经过一段时间后，你会发现你在工作中的忧虑会减少到一个让自己吃惊的程度。也许你需要把这个过程重复几次，但到最后，如果你面对最坏的情况也不退缩，你的忧虑就会完全消失，取而代之的是一种积极进取的工作状态。

深度思考

现实中，很多职场人都对台湾经营之神王永庆的成功感到好奇。王永庆在一次访谈中说：“其实最基本的就是要全心投入、专心专注，唯有如此才能体

会到工作的乐趣，才能克服浮躁，忘记艰辛和烦恼，这时工作带给你的不仅是业绩和回报，还有智慧的灵感和潜力的迸发，人生多由挫折和困顿构成，而工作蕴含着一种改变的力量，它能帮助你战胜挫折，克服困难，给人生带来喜悦和希望。”

对于王永庆的人生哲学，你有什么感悟？结合自己的工作，你还有哪些不同的想法？

摒弃肤浅，通过深入思考创造更高的价值

深度工作要善于思考，思考，再思考。

2016 年 3 月，一款由谷歌公司设计研发的人工智能“阿尔法狗”与围棋世界冠军、职业九段棋手李世石进行围棋人机大战，经过五场激烈对战，最终“阿尔法狗”以 4 比 1 的总比分获胜；时隔一年，在中国乌镇围棋峰会上，“阿尔法狗”又与当时排名世界第一的世界围棋小将柯洁对战，最终又以 3 比 0 的总比分获胜。

随着人工智能“阿尔法狗”在围棋上的所向披靡，一个与人工智能高度相关的术语“深度学习”，也开始在媒体间流行开来。这理应是一声响亮的警钟，因为这意味着机器所能替代的，甚至已经不仅是“肤浅工作”，而是开始包括一些“深度工作”。因此，职场人要想在未来的竞争中获得优势，就必须停止每天简单的机械重复，那样再熟练也只能是初级技工，而不能做到高级工程师。

只有在工作的时候有效地使用每一点脑力，不断地进行深度思考，摒弃肤浅工作，才能成为职场的赢家。

有一位推特用户曾在网上发帖讲述过自己一段“神奇”的工作经历。

2007 年，大学毕业的他凭借自己在计算机方面超强的天赋进入一家科技公司工作，这家科技公司主要从事一些软件测试方面的工作。

入职不到半年，渐渐适应了工作岗位的他发现，自己每天所接触的工作重复性很高，而且都是在计算机上完成。也许对一个“门外汉”来说测试软件很难，但对他而言工作流程并不复杂。于是他心底产生一个想法：“为何不自己开发一个软件来为自己工作呢？”

于是他利用自己的一些业余时间，投身到开发软件的工作中，经过四个月的开发和测试，这套软件已经基本成型，完全可以帮助他来完成公司的枯燥工作。

随后的几年时间里，他在公司几乎没有再做任何无聊的工作。每天上班就打开自己开发的那个软件，让软件来为他完成一整天的工作。而他只需要不定期地维护自己的软件，并及时打出补丁即可。这几年中他每个月的薪水照发，年终奖照领，而他本人则利用公司上班的时间来做自己想做的一些事情，如阅读和写作。

他在推特中说：“我花了四个月的时间开发软件，得到的却是超过四年的清闲时间，在这四年里我试着写作，并且已经出版了自己的一部小说和一本诗集。”

这位国外员工的工作经历，其实就是把一系列的、无休止的“肤浅工作”转化为一件需要在四个月的时间里，持续投入精力和智力的“深度工作”，并成功地解决了今后所有工作中出现的问题。

其实，很多职场人都可以通过观察、分析、训练、总结来试着改变自己的工作。这正是在任何领域获得成功的人士所共有的、对自身加以刻意训练的方法——一种真正的“深度工作”。

方法定制

怎样才能更容易达到深度工作的状态呢？

1．克服“肤浅工作”的习惯

在几十年前以体力工作为主的年代，肤浅工作和深度工作的差别可能并不明显。然而，时光荏苒，历史的车轮滚过 21 世纪，随着科技的发展，人们的工作方式开始逐渐改变。大多数人都从体力工作转变为脑力工作，在这种情况下，肤浅工作和深度工作的差别变得非常悬殊。

不可否认的是，“深度工作”是多数职场人所欠缺的一种能力，学会它，我们在未来的职场工作中就能够一帆风顺。

“深度工作”之所以是稀缺的，不仅因为它与“肤浅工作”相比更加困难，更是因为我们所处的社会环境事实上更加鼓励“肤浅工作”，相信很多人在平时的工作中都习惯于用参加了多少个会议、回复了多少封邮件、完成了多少系统指派的工作任务，以及其他可以被量化的指标，来评价自己和其他人的工作。在这种环境下，似乎一个人的工作价值只和他是否看起来足够“忙碌”有关系。想要从肤浅工作中解脱出来，作为职场人就必须设法克服这种环境的阻力，改变由此而形成的习惯。

2．利用逼近极限的深度思考，创造更高的自身价值

相对于每天忙得不可开交却没什么成效的肤浅工作，深度工作需要的是连续不间断地高度投入，需要调动人的认知和思考能力使其尽可能逼近极限，从而得到不易得到的创造性的、具有高价值的工作结果。

深度工作是一种工具，职场人需要用自己的能力来创造价值。毫不客气地讲，如果你的工作是一个连一个 10 岁小孩都能在电脑上完成的事情，那么市场是不会买单的。深度工作更像是一块七巧画板，而你则需要像一个灵感超绝的画师，只有那样才能创造自身的价值。

深度思考

相对于肤浅工作而言，深度工作能够让我们在这个时代免于被淘汰。借用商业作家埃里克 · 巴克的说法 ：“深度工作能力可以叫作‘21 世纪的超级力量’。”

在工作中，你拥有这种神奇的超级力量吗？你认为自己在目前的工作中最欠缺的能力是什么？

任何工作岗位上都不需要“木偶人”

谁肯在工作中积极主动，谁就能找到工作的意义。

很多职场人在回顾自己以往的工作时，都会惊觉自己总是忽视独立工作的能力。虽然他们在工作中没有偷过懒，表现也十分勤奋，但总是被动地等待工作，总认为上级领导让自己干什么就干什么，只要按时完成任务就可以了。殊不知，这正是缺乏独立工作、缺乏创新能力的表现。

有一位大型私企的 HR 曾说 ：“从去年到今年，我们单位前后招进了 10 多位大学毕业生，他们在工作中很有干劲。可是，这些初入职场的年轻人在工作中大多缺乏独立工作的能力，在工作中经常会发生一些面对自己手头工作不知所措的现象，当上级指点他们后，他们就按照指令把工作完成，没有想过主动将工作做得更完美，更让人满意。”

这位 HR 所说的现象对于职场人来说很普遍，这也正是很多职场人独立工作能力差的一种表现，这些缺乏独立工作的职场人就像一个个身上系满线绳的木偶，每天等着有人来拉，才会做出相应的动作。而这种做法正是企业管理者所反感的，要知道，当今社会，任何一个企业中这样的“木偶人”如果一直保持这样的工作方式，都注定不会有更大的作为。因此，职场人要想在事业中加速成长，就要提高自己主动工作的能力。工作中遇到问题，要主动解决，不能一直放在那里等领导支招。

现实中，很多职场精英之所以能够走得更快、飞得更高，就是因为他们能够在工作中积极主动做事，并且竭尽全力地做好自己负责的每一个事项。

李冰是一家公司的秘书，平日里主要负责公司的一些零碎事项。有一天，上司让她打印一份公司文件，李冰使用打印机的时候却发现公司仅有的一台打印机坏了。她将这个事情报告给了上司，上司没多说什么，只是让她联系一下打印机的售后，问一下维修的事项。

李冰将打印机的故障报给了售后，打印机售后团队根据李冰的描述认为可能是机器的传感器坏了，必须更换传感器，需要一周左右的时间才能修好，而且打印机已经超出了保修期限，维修费用较高。

作为一名计算机专业的学生，李冰觉得打印机和电脑主机没什么不同，既然自己能够拆卸电脑主机检查问题，为什么不试试拆卸打印机呢？于是下班之后李冰没有急着离开公司，而是登录了打印机的官网，在官网中查询这个型号的打印机的相关资料。她用了半个小时的时间认真研究打印机的结构，然后用工具拆开了打印机。通过对比，李冰发现了一个导致设备故障的原因，经过反复思考，最终通过复位一个小部件就把故障彻底排除。

看着重新运作的打印机，李冰心里非常高兴，她体验到了一种工作中前所未有的成就感。她找出下午那份没有打印的文件，将其打印出来，并放在了上司的桌上，轻轻地关上门，微笑着离开了公司。

现实中，很多职场人在工作中经常会有遇到问题不知所措的情况，大多数人通常的做法都是未经独立思考就急于下结论，当得到上级的指点和意见后，按照他们的指令把工作完成，从没有想过通过自己的能力将问题解决。像李冰这样，遇到问题认真思考分析，积极寻求解决办法，不仅能解决好问题，而且提高了工作效率和自身的工作能力。

作为职场新人，我们必须要克服被动工作的依赖性，因此在工作期间，特别要注意积极主动地完成工作。只有花心思积极完成工作，你才能获得锻炼；也只有在独立工作的过程中，思考和解决问题的能力才能迅速地培养起来。

方法定制

怎样积极主动地进行工作？

首先表现在能够积极地发现问题、分析问题和解决问题，独立地检查结论或结果的正确性。如果职场新人能积极且独立地解决其他人已经解决了的问题，虽然对社会没有什么直接意义，但这本身却孕育着创造思维的能力。创造思维的特点是新颖性和独创性，这种创造思维能力的发展，有可能促进真正发明创造的到来。

在平时，积极工作还表现在不盲从、不依赖、不轻信方面，遇到自己工作范畴之内的事情时，不要等到领导有所指示才开始行动。

当然，主动积极地工作或许让我们在工作中花费很多气力、很多时间，但在这个过程中所积攒起来的能力，将会给我们以后的工作带来极大的好处。

一位纵横商场的企业家曾对他的员工说："我认为接到指令后就去执行的员工是不会有出息的，他需要我具体而细致地说明每一个项目，完全不去思考任务本身的意义，以及自己的工作应该做些什么，因为他们不知道主动工作对于个人的发展是多么重要。"

公司需要那些可以主动工作、主动探索的员工。成功的职场人士都喜欢问自己："这件事需不需要我去做，如果去做我怎么做才能做得更好？"一旦具有这样的工作意识，自然能够了解自己在工作中应该做什么，怎么做。也只有这样，才能获得上司的青睐。

深度思考

在工作中，当你耗费了无数脑细胞做完一个项目的时候，你向自己的上级领导汇报完工作，这个项目就彻底结束了吗？相信很多员工心中都会给出一个"YES"的答案。但其实在很多情况下，这件事并没有完全结束。

假如你是一名程序员，你接受安排并写出了数千行的代码，完成了一个系统优化升级的工作。当你把这项工作提交后，上司回复一句："做得不错，注意持续观察。"

你敲出的代码被完美运行在这个软件中，经过简单的测试，没有故障，这事就算完成了？对于一些被动接受工作的员工来说是的，事情到这里就结束了。可对于主动的员工来说并不是，而是需要通过 7~15 天的观察，对升级后的系统表现或产品表现，做一个认真的总结，总结系统运行期间负载的情况，高峰时期的支撑情况，和优化前对比的数据，以及可能潜在的风险和下一步的优化方向。这种积极主动的反馈和总结，对于一个职场人提高自己的工作能力非常有意义。随着能力的提升，久而久之，你的职场之路，也就变得宽阔起来。

通过以上的案例，你受到了什么样的启发？在未来的工作中你会试着主动工作吗？

深度实战：卡尔·荣格与深度工作法

如果你对世界地理感兴趣，或是常年到瑞士出差，想必你一定听说过，在瑞士的圣加仑小镇，有一个名叫伯林根的美丽村庄。在靠近苏黎世湖的岸边，有一座绰号是“塔楼”的旅游景点，这所房子是在1922年由著名心理学家卡尔·荣格所建造的。这是一座由石头简单垒砌的房屋，卡尔·荣格之所以会选择在如此美丽的“世外桃源”建立一所这样的小屋，是因为他在一次出国之行中，发现印度的很多地方都有在家里开辟“冥想屋”的习俗。

卡尔·荣格受到了启发，因此在那次旅行结束之后，他便独自来到伯林根并在那里为自己开辟了一间私人办公室。荣格曾这样评价这个房间：“在休息室时，我可以独处。我随时都带着钥匙；没有我的允许，任何人都不得进入这个房间。”

尽管荣格所建的这所房子会被人当成是度假屋，但是纵观荣格的一生，我们发现，这所名为“塔楼”的石头屋并非是为了休闲度假而建。1922年，荣格年近50岁，正处在事业的巅峰期，在他建立石屋的前一年，他还发表了一篇心理学领域非常出名的著作——《心理类型学》。

那几年，荣格一直投入工作，他不仅积极开展演讲和心理咨询，还在闲暇之余动笔创作，可以说一直很忙碌。但是早已名利加身的荣格并不满足于简单的忙碌生活。他想要彻底改变这个世界，改变人们在心理学中对潜意识的认识，这个目标是何等的伟大！

在忙碌的工作和生活中，荣格渐渐意识到要想实现这个目标就需要自己更深入、更缜密的思考，而这种条件是在钢筋水泥的都市环境中所做不到的。因此荣格告别自己的亲友，一个人隐居到伯林根，为了实现自己心中的梦想而深度工作。

在这个石头小屋里，荣格一边使自己保持一个清醒的状态，一边创作一系列有见地、有深度的文章和著作，进一步加深了自己对心理学领域的影响力。

通常情况下，荣格会在每天早上 7 点准时起床，然后动手做上一顿既营养又丰盛的阳光早餐，饭后他会抽出两个小时在屋子里专心写作。吃过午饭后，不下雨的时候，他通常会选择在湖岸边冥想或漫步。等到下午，他仍会投入繁忙的工作中，一直到夕阳西下，然后享受温暖的炉火和晚餐。那之后就是一段阅读时间，荣格的阅读范围很广，除了心理学，他还看一些世界名著和哲学类书籍，他的木质书架上堆满各类书籍。晚上 10 点，荣格放空自己，卸下一天的疲惫躺到了床上。他说："从一开始，我就感觉能够在这座'塔楼'里得到很好的休息和恢复。"荣格的这种深度工作的方法使自己成了 20 世纪最具影响力的思想家之一，并被后人称作是分析心理学的创始人。

第 2 章

专注成就深度，
用专注将工作做到极致

Deep Work Rules

“专业成就高度，专注成就深度。”专注是深度工作的核心要素之一，要想掌握深度工作法，就必须先从学会专注工作开始。在工作中，专注十分重要，不仅仅是因为专注才有效率，也因为只有专注才能找到工作本身的乐趣。

专注：从简单到极致的秘诀

只要专注于某一项事业，并坚持下去，就一定会做出使自己感到吃惊的成绩来。

对很多职场人而言，工作犹如婚姻，总会遇到属于自己的“七年之痒”。无论是流水线工人、出租车司机，还是超市收银员，抑或是媒体的编辑、栏目策划，每一项工作都有它的繁复与枯燥之处。

在一个单一不变的环境里，职场人的心态很容易变得浮躁。许多刚接触社会的职场人都不愿做重复性高的工作，认为那些事情过于简单、没有技术含量，既不能体现自身价值，又无法给自己带来成功的喜悦。对此，海尔集团 CEO 张瑞敏曾经说过这样一句话：“什么是不简单？把每一件简单的事情做好就是不简单。什么是不容易？把每一件容易的事情都认真做好就是不容易。”

其实做任何事情都是一样，不能因为觉得复杂就产生畏难情绪，从而望而却步；也不能因为觉得简单就轻视，不屑去做，长此以往会一事无成。要知道，同样面对繁复与枯燥的工作，有人却能做出兴致甚至做出美感，这样的人更能受到人们的尊敬。

曾经，美国一家公司通过媒体刊登公告，重金征求纯白色金盏花的种子。这是一种菊科金盏菊属植物，花朵密集，花色鲜艳夺目，是早春园林和城市中最常见的草本花卉之一。人们对于这种花并不陌生，一时之间这则公告吸引了不少好奇的民众。但很快，人们的热情开始降温。众所周知，自然界中的金盏花不是金色就是棕色，从没有白色的，就连植物学家也通过各种渠道发表“世界上不存在纯白色金盏花”的观点。虽然这家公司给出的价钱很高，但绝大多数人只把它当成是一个愚人节的玩笑，即便这家公司发表公告那天并不是愚人节……

就这样，这件轰动一时的事情慢慢被人们所淡忘，可谁知20年后，有一天清晨，这家公司突然收到了一封热情洋溢的应征信，应征者还在信中夹带了一粒纯白色的花种。纯白色金盏花“出世”了，这则重磅消息不胫而走，立刻引起了很大的轰动，新闻界采访了那位神秘的应征者。她是一位年过古稀的老妪，是一位真正的爱花人。

20年前，她在报纸上看到这则启事后，不由生出了培育白色金盏花的想法，不顾家里子女的反对，她把这个想法付诸了实践。她播下一些最普通的种子，一年后，在金盏花盛开的时节，挑选一朵颜色最淡的花，任其自然枯萎脱落，以获取成熟的种子。次年，她把种子播到地里，待它开花的时候，再挑一朵颜色最淡的花……

她不停地播种、收获，播种、收获，如此往复地过了20年，终于培育出了如银如雪的金盏花。那一种纯粹的白色，令所有见过的人都惊得目瞪口呆，这个不懂得遗传学的老人，竟然攻克了连专家都望而却步的难题，培育出了美丽绝伦的白色金盏花。

不得不说，这世上有才能的人有很多，但能一直保持专注做同一件事的人并不多，特别是充斥着各种利益纷争的事业道路上，当面对种种困难阻碍时，又会有多少人能够做到坚持自我，丝毫不被种种难题所困扰，真正做到追求极致呢？

方法定制

达到专注的秘诀："简单的事情，重复做；重复的事情，用心做。"

在工作中，做重复性的工作不仅代表着稳定，更体现出简单。这样的好处在于：每天做计划时，能够有精力和时间聚焦在思考"我怎么才能做得更好"这件事情上，而不是聚焦在第二天自己需要着重解决哪些事情。其实，对职场人来说，时间管理的目的是在于将自己的精力和时间投入最重要且能够产生价值的事情上，所以，需要区分事情的重要程度和紧急程度，但时间管理是为了更好地行动，行动才是真正能创造价值的关键。

有一位公司总裁曾说："职场人对越简单的工作，就越具有控制力，精力和时间才能投入事情上，这样才能保持专注。"不可否认，这种说法具有一定的道理，如果一位员工每天都去处理不同的事情，这的确可以为他带来很大的成就感，但同时他的专注力也会被分散到不同的事情上，很难集中。另外，很多时候，在工作中我们所得到的成就感并不能完全转换为价值，它只是社会以及身边圈子对自己的认可。真正的价值是需要积累的，而积累靠的就是一次又一次的重复操作。

重复是为了掌握规则，动作的熟练度达到游刃有余时，好的结果会才大量出现，但这只是达到"好"或是"优秀"程度而已。这是大多数职场人在工作中能够做到的，但是有少数人能够在此基础上，继续投入大量精力和时间，用心去做好每次的重复，从而达到卓越。而用心，则具体体现在对"我怎样才能做到更好”的思考，以及行动的改进上。

深度思考

在一次创业大会上，举办方邀请到一位白手起家的亿万富豪做开场演讲，进入到提问环节时，有一位大学生接过话筒问了这样一个问题：“我听说您最落魄的时候连饭都吃不饱，而如今您已是拥有数亿资产的董事长。请问，是什么支撑您走向成功？”

“其实也没什么特别的窍门，别人只有一颗心，我只不过比别人多了几颗心而已。”这位亿万富豪幽默地回答说：“其一‘专心’；其二‘决心’；其三‘信心’；其四‘耐心’；其五‘用心’。这五颗心的作用分别是：专心可以让我找到成功的捷径；决心能够引爆我的潜能；信心让我拥有向前的动力；而耐心则表示着在机会面前我将能够永远踏实向前；最后用心则能够将我的简单工作做到极致。”

对于这位成功富豪的“五颗心”说法你有什么看法？在工作中，这“五颗心”你都拥有吗？

找到焦点，专注于至关重要的 20%

在成堆的工作中，你必须找准重点，全力突破。否则，你只能成为繁重工作的奴隶，疲于奔命，收效甚微。

在工作中，很多人都有过被一些杂七杂八的事情搞得心烦意乱的经历。面对数量众多的工作，很多时候不知道如何开始，从哪儿开始，结果导致工作任务完不成，即使完成，工作质量也不高，领导会报以失望的叹息……

相信大家都听说过“聚焦原理”，用一块凸透镜放在太阳下，调整凸透镜的位置,使阳光聚焦在一点,能够点燃纸张。其实,在工作中专注就是这个原理，当你把自己的时间、精力和智慧凝聚到自己正在做的事情上，效率自然倍增。

雪莉和米莎是牛津大学的室友，也是一对好闺蜜。

完成学业后，雪莉进入一家跨国公司当会计，很快升到中层管理职位。她总是准时结账，面对上级询问，也都能立刻拿出正确的财务报表。但是渐渐地，雪莉觉得公司一些重大决策越来越与她无关了，而她再也进入不了晋升名单之中。

与雪莉不同，米莎毕业后找到一份对自己来说具有挑战的工作，去了一家食品企业做市场分析师。工作期间，米莎意外地发现了一份关于公司过去 10 年间所有重要项目的财务文件，每一笔都写得非常详细。

米莎对这份文件感到好奇，她想知道大项目的利润是否比小项目高。经过周密的数据分析，她发现这两者之间存在很大差异。于是，她立即找到主管并做出汇报，在谈话中米莎提议道 :“公司不单要赢得更多项目，更要赢得对的项目。”从那之后，公司的运作方向就开始变得和以前不一样了。

米莎除了做日常的市场研究外，还被要求对公司的事业做更深入的分析。她的分析报告每次都会被直接递给高层主管，而她比别人有更多机会让研究成果发挥最大影响，最后促使公司改变市场策略，而米莎也因为自己在工作中的出色表现而得到了公司的重点培养。

通过这对闺蜜的经历，我们可以发现：雪莉就像大多数人一样，每天上班，做该做的事，是个扎实的员工，但从某种角度看，她也不会有太大的突破。最后，不幸地成了公司的消耗品。而同样步入职场的米莎事实上已经重新定义了自己的角色，从“协助赢得生意”到“协助赢得对的生意”，抓住了工作中别人看不到的重点。正因如此，她常被邀请参与许多超越原先权责范围的工作，不但有助于提升事业，而且还得到了别人没有的机会和经验。

对很多职场人而言，相信对于“帕累托法则”都不陌生，也就是俗称的“二八定律”，它的核心思想是在任何一组东西中，最重要的只占其中一小部分，约20%，其余80%尽管是多数，却是次要的。

在工作中，每个人的精力都是有限的，时间有限、资源有限，那么你如何在种种条件有限的情况下，去创造一个比较高的收益呢？这就要求你在工作中务必找到需要专注的焦点，将你的精力、资源尽可能花在积极的20%上。就像雪莉和米莎，一个将精力聚焦在80%上，一个将精力聚焦在20%上，结果大不相同。

出现这种现象可能有两种因素影响：

（1）思维僵固，在思维惯性下难以产生任何富有新意的想法。

（2）心理“无底洞”现象，很多时候，在方向不对应该果断放弃的时候，很多人却因为自己付出的时间和精力感到可惜，从而固执的一路走到底。

因此，在工作中，最重要的是找到专注的焦点。否则，即使再努力，再专注，效果也是差强人意。

方法定制

想要找到专注的焦点，可从以下几点着手：

首先，要简化你的工作空间。大家都知道工作空间越复杂，存在的干扰因素就越多，需要人们耗费精力去排除干扰。既然这样，那么从一开始就应该有意去简化自己的工作空间。

其次，在工作中每个人的大脑就像是高速运转的 CPU，虽然可以像电脑一样同时处理多个任务，但没有做完的事情会在大脑中留下一个“隐藏进程”，会时不时发个消息提醒你一下，中断你现在要做的事情。对此，要想让自己专注于眼前的重要工作，就要尽可能使大脑处于空闲的状态，并且完成当前最高优先级的事情。

深度思考

有人曾问拿破仑打胜仗的秘诀是什么，他回答说：“就是在某一点上集中最大优势兵力。也可以说是集中兵力，各个击破。”结合自己的工作，谈谈你对拿破仑这句话的看法。

99% 的成功欲望，敌不过 1% 的分散念头

聪明的职场人会把凡是分散精力的事项放到一边，只专心致志地去做一项工作。

工作中，自始至终地专注一件事通常更会受到成功的青睐，绝大多数情况下，正是这种对于成功的欲望让我们的内心充满了前进的动力，它促使我们为实现自己的梦想而去付出汗水和努力。然而，当我们的专注力被其他事情分散

的时候，我们对于工作的动力就会逐渐衰减，放弃的念头就会油然而生。殊不知，在一丝不苟的工作状态中，即便你只出现了 1% 的分神，也可能会落得满盘皆输。

在一家软件公司，张浩和陈兵都是公司研发团队里的能人，年初的时候他们接到公司的一项任务，共同开发一款新的社交软件。最开始的时候，他们对这个新项目的开发尽职尽责，积极参与。可就在软件快要完成转入测试阶段的时候，张浩却突然有了放弃的念头。

原来，他在一次公司举办的沙龙上听到了一个小道消息，听说公司高层主管对于这项新产品的市场前景并不看好。因此，通过三天的考虑，张浩找了一个理由向部门主管提出自己打算退出这个项目。起初听到张浩的话，部门主管感到有些诧异，在产品即将完成的阶段提出退出，不知道张浩是怎么想的，但出于对团队骨干的尊重，主管最终还是批准了张浩的申请。就这样，张浩离开了这个项目的开发团队，转入其他项目的开发。

陈兵得知张浩的选择后没说什么，更没有被张浩的离开而影响，而是和从前一样全身心地投入到软件最后的测试中。

一个半月后，软件通过测试开始上线，果然同张浩所想的那样，这款社交软件没有打开局面，公司高管对此也集体陷入沉默的气氛当中，无人表态。此时，张浩为自己的放弃而感到幸运，同时他也不止一次劝说陈兵也放弃，进而减少后期的损失。

面对种种压力，陈兵不为所动，依旧选择坚持。为了推广这款软件，陈兵想出了许多方法，并积极利用自身所拥有的资源。几个星期之后，陈兵设计的这款社交软件渐渐具备了一定的影响力，使用这款软件的人也越来越多。陈兵因此在公司内“一战成名”。

见状，张浩大呼后悔，但就是那一丝分散的念头使他被成功拒之门外。

同是一家公司技术卓越的研发人员，为什么工作的成果却迥然不同呢？原因就在于陈兵时刻保持着对成功的欲望，不被周围的信息蛊惑、干扰，分散自己对工作的专注力。而张浩却在最后关头被那 1% 的放弃念头所打败，与成功失之交臂。

职场中也是如此，机会总是稍纵即逝，也许，你在工作的前半程表现得尽心尽力，但在尾声的时候被外界分散了 1% 的精力，让你产生了一丝退却的念头，做出放弃的决定，从而输掉全局。

方法定制

想排除干扰，要做到以下几点：

1. 明确目标，规定任务

要确立适当的工作目标，制定详细的计划，每天工作都指定具体的任务，最好具体到每个小时的安排，同时对自己进行适当的奖励和惩罚。比如，今天完成甚至超额完成了任务，就做一些自己喜欢做的事来慰劳一下自己。

2. 劳逸结合，心境愉快

要科学地安排自己的时间，做到张弛有度，防止过度疲劳。同时，调整工作的强度，一般保持在中等强度效果最佳，以降低焦虑情绪，保持平和愉快的心境。

3. 进行适当的行为训练

不妨试试在自己的手腕上套一根橡皮筋，一旦发现自己注意力不集中，就拿起橡皮筋用力弹一次手腕。这样给自己一个小小的惩罚，并记录每天弹手腕的次数，如果次数逐渐减少，可以用自己喜欢的方式奖励自己。

深度思考

对坚持在路上的人来说，任何放弃都是一种负能量。很多时候，有些员工坚持了很久的事业，哪怕只有 1% 中途放弃的念头，就会形成“千里之堤，溃于蚁穴”之势，使所有的努力付诸东流。

作为职场人你是否经常疑惑，为什么同事那么容易就完成了一年的销售业绩？为什么他的年终奖快要赶上你一年的工资？是运气好，还是有其他的原因？你认真思考过这个问题吗？

远离社交媒体，你要保持专注

放弃那些无用的社交，提升自己，你的世界才能更大。

随着科技的发展，网络社交已经成为全民获取相关信息，进行信息沟通的必然渠道。可网络在与人方便的同时，也令许多职场人沉迷于网络游戏、网络交友等虚幻的世界中无法自拔。

自从使用了微信，夏娜就过上了皇帝般的生活，每天早晨醒来的第一件事就是像皇帝批阅奏折一样刷微信，审阅天下大事，顺便再点几个赞。而且，她也割舍不掉用了 10 年的腾讯 QQ，即使睡了，她也

24 小时“不打烊”地挂在那里……

有段时间她感冒比较严重，头晕乏力，有两三天的时间她跟网络彻底绝缘了。当她好了之后，有种忍不住要把漏掉的朋友圈里的海量信息刷一遍的冲动，却又忽然觉得这是一份负累。她静下心来想了想，朋友圈的内容无非是朋友去哪里玩了，吃了什么、买了什么，还有带着标榜甚至炫耀成分的各种晒、各种秀。

这些内容千篇一律，而且大部分信息她只是走马观花地看看，带给她内心触动的东西真的不多。这些信息对她的学习、工作、生活似乎也没有那么多的正能量可言，而它们却真的浪费了自己很多时间。

夏娜想：“如果我把这些漏掉的信息都彻底格式化，自己的生活不是一样继续运转吗？朋友不会在意她这段时间为什么没有动态，更不会因为她没有点赞而彼此疏远。”

当她这样做时，她的个人世界似乎真的安静了很多。她终于有时间去图书馆为自己充电，终于有时间静下心来看一本之前买了好久却还没有看完的书。更重要的是，她觉得自己工作时的精力更加旺盛，注意力更加集中，效率更高。

不得不承认，在这个时代，如果你跟网络绝缘，可能会被同事贴上 Out 的标签。网络可以让职场人在第一时间看到、听到这个大千世界的日新月异的变化和自己行业相关的最新态势。很多时候，当我们熬夜加班时，可以随时通过网络点上一份外卖，愉快享用。网络有其方便快捷的一面，所以很多人难以割舍。但同时，我们也应当看到网络社交给我们的生活和工作带来的负面影响。首先，现实社会中的人际交往势必要涉及方方面面，如果仅用应用软件来替代，就会引起很多问题。

例如，网络社交方式由于其虚拟的因素使得它与现实相比，具有很大的差异性，很多现实中口拙的人，在网络上却能够侃侃而谈，滔滔不绝。这是由于比起当面交流，网络给了人们一个缓冲的空间，一些语言在打字的过程中也能经过修饰和思考。多数社交软件主要是通过文字的形式在表达个人的思想，甚至有一部分人喜欢发一些图片表情来表达自己的内心想法。长时间用这样的方式交流就会形成习惯，久而久之，在现实中，我们与同事或者客户的交际能力就会逐渐下降。更有甚者，白天上班时还会想着网络上认识的那些伙伴，一逮到功夫，就会划开手机屏幕看几眼朋友圈的动态，回复几条收到的信息。这种行为长期发展下去，会越来越把我们的注意力从工作中分散出去，进而降低我们的工作效率。

虽然我们的生活和工作离不开网络，但偶尔的“AFK”对我们来说并不是奢侈的事情，它可以使得我们在获取网络信息、交流的同时，调节自我的生活节奏，使我们的生活状态更加跟随自我的内心，让工作与生活更多一份自我。

方法定制

我们要怎样才能摆脱依赖已久的网络社交?

日本杂物管理咨询师山下英子曾提出过“断舍离”的人生整理观念。所谓断舍离，就是通过整理物品了解自己，整理心中的混沌，让人生舒适的行动技术。换句话说，就是利用收拾家里的杂物来整理内心的废物，让人生转而开心的方法。其中，断是指断绝不需要的东西，舍是指舍弃多余的废物，而离则代表脱离对物品的执着。

这个方法用来处理社交媒体与专注工作之间的问题也同样适用，因为对迷失在社交媒体中的人来说，难的不是知道自己需要什么，而是不知道该舍弃什么。

由于微信群对拉人入群没有特定的限制，任何人都可以当群主、随时建群，很多人都有这样那样被莫名其妙拉到某个群里的经历，但“朋友的朋友”不见得是我们想要结识的朋友。“交流群”与“朋友群”的界限也不能混淆，有些时候该退就坚决退。把大量的时间和精力都浪费在这些“群”上，我们又能剩下多少时间进行工作?

网络社交在丰富我们生活的同时，也带来了各种繁杂的信息压力，因此，对职场人来说，远离不必要的社交媒体是必要的。我们可以拿起手机试着一口气退出十几个无足轻重的微信群，这其实没有你想象中的那样失落，反而在接下来的一段时间里你会感到前所未有的轻松。

生活中，社交本身是为了拉近距离，但如果过分依赖网络、热衷微信群，忽略了现实关系中的亲朋同事，那就得不偿失了。我们的精力有限，必须有所取舍，试着扔掉那些占用你时间的冗余之物，清空自己，把心思用在你真正应该用的地方。我们必须清楚一点，真实的工作、生活远比虚拟群里的面子更为重要。

深度思考

据几年前的一则报道称，新加坡的一名男子上社交网站成瘾，以致影响工作，因此他以每小时二十美元的价钱雇了一名女子监督他，如果他在工作的时候看社交网站，就赏他一个响亮的耳光。

该男子是一名整天宅在家的自由写手，以赚取稿费为生。由于家中过于安逸的工作环境，导致他在写作的时候经常走神，总想没事就逛逛社交网站或者论坛。经他自己计算，他平均每个星期花费超过 25 个小时上社交网站。因此，他花钱雇了一个人，对方什么事都不用做，只要盯着他，一发现他浏览此类社交网站，就狠狠给他一记耳光。既花钱又挨打，这名自由工作者肉痛加上心痛，经过几个月的被人“盯梢”，他终于成功戒掉了自己的社交网瘾。

这名男子采用的方法虽然极端，但决心值得提倡。在工作中，过多的分心会降低我们的效率，想要深度工作，职场人就应该学会在工作中保持专注。在工作中，你是否也受到过社交网瘾的侵害？对于时不时的分散注意力，你又是如何克制自己的呢？

深度实战：乔布斯——专注是我最大的秘诀

原苹果公司CEO史蒂夫·乔布斯曾说："专注和简单一直是我的秘诀之一。简单可能比复杂更难做到，你必须努力厘清思路，从而使其变得简单。但最终这是值得的，因为一旦你做到了，便可以创造奇迹。"

作为苹果公司的联合创始人，由于理念不合，乔布斯曾在1985年被当时的苹果公司无情地扫地出门。当时，苹果公司的高层没有一个人站出来为他说话，甚至很多人在乔布斯离开后还背地里称他为"怪人"，这是由于乔布斯曾经倡导苹果公司前卫的创新变革。

乔布斯离开苹果公司的十几年，苹果公司的发展异常缓慢，像是进入了一个瓶颈期，虽然公司内部的管理层采取了许多措施，但是收效甚微。

直到1997年7月的一天，苹果公司因连续5个季度的亏损，让时任苹果公司CEO的吉尔·阿米利奥被迫痛苦辞职。随后，乔布斯再次以一种全新的面貌出现在董事会的面前，他坐上了CEO的位置后，开口说出的第一句话便是："现在的产品都是垃圾！没人愿意为这些毫无人性化特色的产品买单！"

在说完这句颇为霸气的开场白之后，乔布斯重新以CEO的身份掌管苹果，从此，苹果公司一路腾飞。这期间，乔布斯同样为苹果公司的员工带来了很多变化。在乔布斯掌管公司的这些年里，苹果公司的餐厅提供的食物更加优质。

当然，还包括不准将宠物带到园区，因为乔布斯认为所有人都需要专注于工作。

专注力为乔布斯带来了一种深度工作的状态，当他不想被一件事情分散注意力的时候，他会完全忽略它，就好像此事完全不存在一样。

而且，乔布斯一旦决心去做一件事之后就不会再受外界的干扰，哪怕有些设计师会提出更具吸引力的设计。对此，乔布斯总是将这些好的意见收藏起来，作为下一代苹果产品的点子。最初，乔布斯的这种行为让很多设计师感到自己受到了冷落。可乔布斯在会议上解释说："敢于向那些好创意说不，因为它们可能会影响当前你所做的工作"。尽管乔布斯在掌权苹果公司的期间常常被员工认为是一名非常严苛的领导者，但这些其实都是乔布斯"过于专注"所导致的，因为对工作的专注，所以他才会没有太多的时间来注意自己的"行为礼节"。

乔布斯的这种严厉不只是对员工才有的，就连苹果公司副总裁艾维也受到过来自乔布斯狂风暴雨般的批评。有一次，艾维所领导的团队在交出一件设计作品后立即招来了乔布斯的"冷言冷语"。会议结束后，艾维找到乔布斯询问他为何会如此严厉。

"我们已经全身心投入了这一工作之中，"艾维这样对他说，同时艾维还称自己比较关心自己的"团队"，但乔布斯的回答则要直接许多："不，你这样做是徒劳的，只不过是希望人们都喜欢你而已。"

乔布斯的这一评论让艾维很长一段时间之内心情异常纠结，直到与乔布斯共事的时间越来越长，艾维才最终认同了乔布斯的这个看法，即相对于让所有人都高兴而言，出色完成自己的工作要更为重要。

2004年，乔布斯在体检时查出患上了胰腺瘤癌。2011年乔布斯病情加重，一直在医院里度日。这期间，他曾接待了三个"重量级"的来访者，他们分别是乔布斯一直不肯对外界承认的私生女丽萨，谷歌创始人拉里·佩奇以及微软创始人比尔·盖茨。

在与拉里·佩奇的谈话中，乔布斯对面前这个与自己有过恩怨的男子建议道："谷歌现在的业务做得太散了，只专注5个，把其他的都扔掉，因为会拖后腿。"

在业务上，苹果公司和谷歌曾是合作伙伴，后来由于双方的发展方向出现分歧，从而导致苹果公司和谷歌成为仇敌，而乔布斯和拉里·佩奇也陷入了好友决裂的地步。而在乔布斯病重的阶段，他还是将自己的意见告诉了拉里·佩奇，似乎有几分"人之将死其言也善"的悲壮意味，这也从侧面表达了专注在他心目中是何等重要。

第3章

提升工作效率，
深度工作的核心是高效

Deep Work Rules

很多时候，我们的工作效率并没有我们想象的那样高。虽然，我们和那些行业中的精英相比花了同样多的时间用在处理工作上，可我们并没有像他们那样真正做到快速、高效，同时也没有进行具有战略深度的思考和整理工作，因为我们并没有真正学会深度工作这门新式的工作技巧。要知道，能够高效的处理工作上的一切问题，才是深度工作的标尺。

分清轻重缓急，不要眉毛胡子一把抓

面对成堆的问题，一定要区分轻重缓急，有条不紊地逐一解决。

每个公司都有工作能力差的员工，如果我们细心观察，往往能够发现这些工作能力一般的员工有一个通病，那就是他们在工作中不会区分工作的优先顺序。

这些员工在工作时，会被一项又一项的工作所淹没。他们本着全部接受且全部做好的打算投身各项工作中，结果这个没做好，那个也没完成，导致紧急的工作被耽误期限，而不紧急的工作则由于别人的催促而做的七零八落，谈不上优秀，最多只是勉强及格。

美国一所律师事务所刚刚成立，就接到了一个大案子，为了帮助雇主辩护，律师事务所的老板整天忙得不可开交。

这期间，恰巧赶上美国红十字会每年例行地向贫困地区捐款活动，这个事务所的很多员工都有捐款的打算，于是助理艾尔去找老板商量捐款的事宜。

可谁知没说几句话，老板就显出一副不耐烦的样子，对艾尔说自己很忙，并且命令艾尔像这样的琐事不要烦他。艾尔听后感到十分委屈，强忍着眼泪到下班，约了几个朋友去酒吧散心，席间艾尔将自己受到的委屈说给了她的朋友们。

还好，她有一个朋友对于处理此事很有经验，这位朋友认为艾尔在工作中没有分清主次和轻重，不懂得在两件以上的事情之间权衡利弊，本来应该抓大放小，结果她抓小放大。

老板认为眼下最重要的事是如何打赢即将开庭的官司，而艾尔却拿对上司来说不重要的事情去和他商量，上司当然不予理睬了。用这位朋友的话说，艾尔的做法简直就是像只没头苍蝇一样，逮什么做什么。

现实中，不论我们做什么事情，总有先后、主次之分，职场上也不例外，否则你只会吃力不讨好、事倍功半！身为职场人，一定要明白重要的事情先做，次要的事情后做这个道理。只有这样的工作方式才能大大提高自身的效率，采取这种工作方式的员工也才能得到重用，在职场上获得良好发展。很多卓有成效的优秀员工都会集中团队的一切资源，以及他们自己的时间和精力，坚持把重要而紧急的事情放在前面先做，每次做完一件事情，并做好一件事情。

方法定制

工作中，如果我们每天都要处理数十个任务，怎么分得清哪些重要？哪些紧急呢？其实，在平常的工作中，当你想要做的事情太多，不知从哪件事下手时，可以为自己建立一个以“紧急度”为纵轴、“重要度”为横轴的模型（如下图），然后将你所面对的工作套入其中。

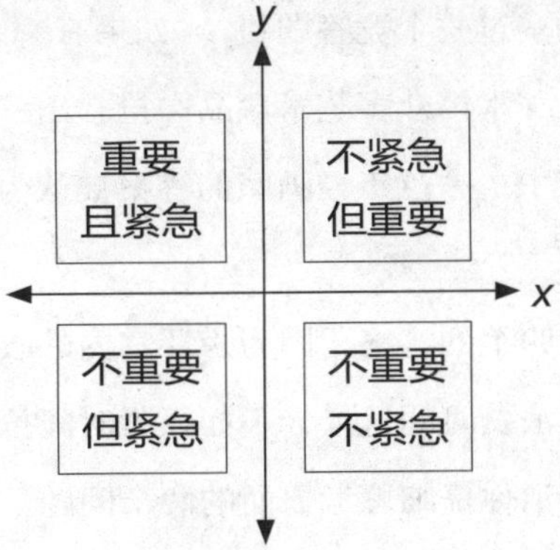

根据这个模型，我们进行接下来的工作，从“重要且紧急”的事情优先开始处理，随后依次完成“不重要但紧急”“不紧急但重要”，以及“不重要不紧急”的工作。

在运用这个模型进行工作的时候，与重要度相比，更多人会倾向于先完成紧急度高的工作。特别是在以三天或者一周为单位的时间很短的模型中，这种情况更为适用。不过这样一来，很多关系到未来职业规划可能发挥重要作用的事项会被我们延后。这个时候，我们可以假设询问自己一个问题：“如果几个月后面临失业该怎么办？”

当你严肃、认真地思考过这样的问题之后，很多“重要度”较高的事情，“紧急度”也会随之提高。

身为职场人，越是工作繁忙的时候，我们就越不应该错过那些对自己的职场生涯真正重要的事情。因此，我们应不时地问自己将要失业的这个假设，然后对模型中的内容进行适当的调整。

深度思考

或许很多人都听过这样一个故事：

巴黎一家杂志曾刊登过一个竞答题目："如果有一天美术馆突然起了大火，而当时的条件只允许从美术馆众多艺术珍品中抢救出一件，你会选择哪一件？"在数以万计的读者来信中，一位年轻画家的答案被认为是最好的——选择离门最近的那一件。

这是一个令人拍案叫绝的答案，因为卢浮宫内的收藏品，每一件都是举世无双的瑰宝，所以与其浪费时间选择，不如抓紧时间抢救一件算一件。

结合自身的经历，请你仔细思考下面的两个问题：

（1）工作中有没有哪件你可以做，但直到现在都没有做的事，如果你做了的话，会使你的生活发生版块样巨大的积极的变化？

（2）在今后的职场中，如果遇到类似的事情你会如何处理？

化繁为简的惊人力量

完成复杂的工作并不是本事，将复杂的东西简单化才是能耐。

20世纪90年代末，国内很多公司开始向美国IBM公司学习科学的流程管理体系。IBM的流程管理体系有一个优点，套用中国老话讲就是"快刀斩乱麻"。在日常工作中，IBM会斩断一切影响工作效率的东西。对此，一位IBM的高管曾说："我们要减少在管理中不必要、不重要的环节，否则公司怎么能高效运转呢？”

在20世纪90年代学习IBM的思潮中，很多民营企业无论是部门还是个人，都在工作中习惯进一步减少自己的工作量，简化自己的工作步骤。一些商业精英在业余时都会认真分析自己工作流程的网络图，然后想办法进行优化和简化，压缩一些烦琐的程序，去除一些不必要的流程，在工作中尽可能去掉每一个多余的环节。

吉普森是一名世界五百强企业的工程师，他出身加州的一个农民家庭。从哈佛毕业，再到工作的这些年，吉普森养成了一个简化工作流程的习惯，无论做什么都会在保证质量的前提下将步骤精简到最少。

吉普森的父母都是农民，在吉普森的乡村老家，土豆是当地人最主要的农作物，一到秋收季节，吉普森的父母就进入了一个繁忙的状态，他们不仅要把土豆从地里收回来，而且还要把它运送到附近的城里去卖。

由于土豆大小不一，因此，吉普森的父母有一个习惯，就是把收获的土豆，按个头分为大、中、小三类，这样再到城里去卖就能卖个好价钱，比混在一起卖多赚很多钱。可是把堆成小山一样的土豆分拣开来不是一件容易的事，要花费大量劳动力，也影响土豆及时上市。

有一次，吉普森完成了一个海外的项目，在没有接到新项目的这段时间里，他抽空回到老家，看望自己的父母。当时正值秋收，吉普森也投入挑土豆的行列中。

吉普森边挑边想，是否可以将这个步骤简化呢？通过反复的推演，最终让吉普森想到了一个好的办法。那就是将土豆直接装进麻袋，但每个麻袋不装满，然后用车拉到城里去卖。在向城里送土豆时，吉普森没有选择让汽车走修好的平坦公路，而是选择一条颠簸不平的山路。

这样经过20多公里的颠簸，小的土豆就自然落到麻袋的最底部，大的留在了上面。

等到卖时仍然大小分开，一样卖个好价钱。聪明的吉普森不仅节省了不必要的劳动力，还为土豆上市赢得了宝贵的时间，由于省去了挑选的过程，因此吉普森家的土豆比村里人早一些上市，自然吉普森家的收入也增多。

在工作中，如果我们手头的工作像一座山丘摆在我们面前，切记，不要硬着头皮去干，这样只会让我们更加浪费时间。当你学会合理简化你的工作后，做起工作来将更加简便。

在简化工作的过程中，我们必须清楚一个道理，所谓简化并不是一味地“减少”，也不意味着我们“放弃”。“简化”需要认真地准备、认真地体会、认真地实践，以及认真地执行。只有这样，简化工作才能为我们解决问题。

方法定制

简化工作应从哪些方面做起？

1. 锻炼全局眼光和框架思维

做事之前在脑海中大致列出流程，这样可以为我们提供框架性思维，是看待事物的角度和方法。它关注的是全局，而不是纠结于单一的细节。就好像设计一栋楼房，首先必须有图纸一样。图纸就是设计师的提纲。它强调的是组成事物的基本要素以及各大关键点，这种提纲不是美丽的珍珠，而是串起珍珠的那根绳子。

训练框架思维的方法很简单，空闲之余你可以选几本最喜欢读的书或者几部电影，尝试着用最简练的语言概括它们的核心剧情或者内容，从而对自己进行精简训练。

2. 找到关键因素，组成你的大纲

面对摊在桌子上的一大堆信息资料，你需要判别出哪些是和目标最直接相关的信息。先把它们摘出来，拿一张白纸，把它们一一写下来；然后思考这些因素是否能构成你的大纲，如果有缺失，再去原来的资料库里找。如此反复，直到它们能够在你脑海里形成一个完整的大纲。

3. 学会自圆其说

当你完成了精简工作，删除了不必要的元素，这时还差最后一步，就是复查。你需要检查你的思维大纲是否前后矛盾，是否前面挖过的坑后面没有填，首尾是否形成呼应。如果你觉得自己是当局者迷，可以把你的这个大纲先讲给身边的朋友或者同事听，看看他们是否完整了解了你想要传递的信息，有什么缺失或误解的地方记下来回去重新补上。总之，你的大纲必须做到自圆其说，尽可能减少逻辑上的漏洞。

深度思考

不可否认，每个人在职场天赋上都有各自的差异，除去性格、学识、素养之外，其实最关键的差异是一种能力的差异——有的人善于化繁为简，有的人则经常化简为繁。这种能力的区别导致人与人最终的差异，这是一个客观的事实。

在工作中，一个善于化繁为简的职场人对待事情的态度必然是严谨且用心的。可以设想一下，一个想把事情做好的人，他怎么可能对摆在面前的事情无动于衷呢？当然不可能。他绝对会沉下心来思考，有没有更好的、更便捷的、更高速的、更有效的方法？在繁杂的工作中，你是否也会经常静下心来思考更巧妙的方法呢？

管理时间，提高时间利用率

效率是职场人做好工作的核心力量。

身为职场人，只有合理规划自己的时间，在工作上提高效率，才能为企业争取更大的绩效。现实中，我们总是可以看到有些人，从早忙到晚，也看不到有多大的成果，而有些员工，看起来工作轻轻松松的，却做出了让人满意的业绩。这就是员工时间利用率的差别。作为职场人，提升自己的时间利用率是非常有必要的。

卡利姆多是德国一家软件公司的老板，那是冬季的一天，他在会议室召开会议，突然供暖系统出了故障，室温很低，大家都想赶紧发言早点离开。结果原本半个小时的例会，被员工硬生生缩短到了10分钟之内，并提供了解决问题的方法。

卡利姆多在这次会后陷入了深思，他将这次事件同怎样提高工作效率联系了起来，他以此为创造的原型，找到了一种提高工作效率的极好办法。

从那以后，当部门负责人必须做出重要决定时，卡利姆多就会请他们到一间大小为63平方米的特殊冷气室里开会，那里的气温在零上6度左右。这些负责人穿着普通衣服坐在冰室里，可想而知，谁也不会把时间浪费在说废话上，解决一些重要问题仅需不到15分钟。从此，在经理楼层出现了冰冷的办公室，而公司利润增长了3倍。

“时间就是金钱，效率就是生命”。对于职场人来说，做好时间管理、提高管理效率，不仅意味着经济收益的增加，更意味着自身竞争力的增强。

方法定制

如何有效利用有限的时间高效完成工作？这就需要我们能够进行合理的工作安排。

在工作中，我们经常会同时进行多项工作，而这些项目都有各自的进度。

那么，在我们每天的工作中如何处理不同类型的工作呢？面对这些繁杂的工作任务，应该如何进行实践管理才能减少失误，提高效率？这些都是工作“安排”的重要作用。

安排工作的方法并不难。我们可以回忆一下自己曾经考取驾照时的经历，首先我们需要清楚“考试日期”，否则没法建立有效的学习计划。然后我们也必须清楚考驾照的科目有几项，其中包含什么内容，如果我们在考驾照的过程中，一味地去学习考试考不到的东西，那么我们只是在浪费时间。

如果我们将考驾照的情况转换到工作中来其实也是一样的，“考试日期”就是“工作的截止日期”；“考试科目”可以理解为“工作目的”；“考试题目”就是“工作的意图和目的”。

和考驾照不同的是，在工作中决定这些问题答案的并不是你，而是交代你工作的上司或者客户。

因此，你必须随时和对方进行确认。

例如，你的上司让你去调查市场的情况，结果你没有确认这项工作的截止日期、意图、目的以及背景，就贸然前往市场随便调查，相信多数情况下，会得到上司的一顿“大骂”，并要求你重新再来。

那么，你之前付出的所有时间和努力就都白费了，因此，我们在进行一项工作之前，一定要和对方确认相应的事项。当你弄明白这些问题之后再安排接下来属于自己的工作时间，那么你的工作效率和品质都将得到很大的提高。

深度思考

在2014年春节联欢晚会上，有一首由歌手王铮亮自弹自唱的歌曲《时间都去哪了》备受欢迎。这首歌的歌词朴实细腻，舒缓的旋律直触心底，让人听后心生感动。

“春晚”还未结束，这首歌就迅速被网友推上了网络的热点。随后“时间都去哪了”成为热点话题，引发了全民讨论。那段时间，很多职场白领纷纷在微信朋友圈和新浪微博上转发这首歌，并由衷地感叹：“时间都去哪儿了？”其实，之所以很多职场人士会发出这种声音，通常是由于自身不会进行时间管理和规划。在现实中，你也问过自己同样的问题吗？如果有，请结合自身工作，分析一下你的时间都去哪儿了。

一天的每一分钟都要做好计划

时间是公正的，对每个人都一样，关键是你如何去规划它。

哲学家霍尔巴赫曾说："我们的生命是无数必然时刻的一种连续。"对于每一个职场人来说，每天都是 24 小时，对谁都不偏不倚，问题在于你是否能充分利用它。如果工作没有计划，实现工作目标往往就会变得异常艰难。没有计划的工作杂乱无章，看似忙碌却没有任何价值。

Aimee 小姐在一家公司从事助理工作，每天都手忙脚乱的。

有一天她刚到公司打开电脑，还没等开工就被上司叫去写合同。怎么写？有哪些注意事项？Aimee 赶紧上网搜索。等她筋疲力尽地写完合同送到上司手中，本以为能在接下来的时间中做一些自己的工作时，却又被同事打断。新入职的员工总会跑来向 Aimee 讨教工作经验，遇到问题时都会找 Aimee 询问，Aimee 对于每一个问题都回答得非常详细，这也令她耽误了不少自己的时间。

微笑着送走了同事，刚进入工作状态的 Aimee 却又突然想起上司前一天的交代。昨天下班之前，上司简单明了地告诉她今晚有一些客户要来，让她订好酒店，顺便把吃饭的地方也安排妥当。哪里的餐饭美味，环境优雅，有格调？Aimee想破头也想不明白，她只好停下手中的工作，仔细研究本地都有哪些口碑好的饭店。

诸如此类，都是Aimee每天上班要解决的问题，除此外还有其他工作，常常在月底考核时，她因为没有完成工作而被扣掉一部分奖金。

Aimee有苦说不出，她每天都手忙脚乱，像个陀螺一样到处转，但是她没有感觉丝毫的充实，反而觉得非常失败。

工作中，如果没有计划，很容易造成拖延而影响工作效率。要克服这个缺点，首先要了解自己的工作能力和实力，不要做超出自己能力的事，在工作中要善于考虑细节，做好统筹规划，并且时时提醒自己要思维敏锐，讲究效率。

没有计划的保障，任何工作都是很难完成的。身为职场人，应该学会统率时间，驾驭时间，充分利用好时间。只有这样，才能在有限的时间内高效高质地完成工作任务。时间的利用，关键在于掌握利用时间的方法和技巧。只有巧妙地管理时间、合理地利用时间，才能发挥时间的最大价值。

方法定制

对于大部分职场人来说，一天有8小时的工作时间，换算为分钟也就是480分钟，如何将这些时间完美地安排好？我们可以专门准备一个记录自己每天日程的笔记本，在每个工作日开始的时候翻到崭新的一页，将今天的每一个小时需要做什么都记录在笔记本上。然后把工作日的每一天划分成为一个个小方格，将自己每天的活动放在这些格子里。例如，你可以将上午10~11点安排为接待客户的时段。

并不是每一个格子里都要放入任务和活动，我们也可以将午休、下午茶放进格子里。为了简便起见，每一个格子内的活动时间可以设定为最少半小时，这就意味着你并不需要为每天的所有小活动安排格子。例如去洗手间、回电子邮件、冲咖啡等事项，你可以将这些零碎的活动统一放到一个更通用的活动方格里。

完成一天的工作计划之后，我们即将面对的一天将会以每分钟的形式出现在我们的工作计划中。我们可以通过工作计划来引导我们今天的工作任务。

在最初执行时，我们可能会从第一步就遇到些许麻烦，例如，你所制订的计划可能与实际工作不符，有可能你为一些工作预留了一个小时，可实际上完成这项工作你用了快两个小时。或者是，在工作时你被一些其他事情所打断。

你所遇到的这些其实都不是什么太大的问题，甚至可以说不算问题。如果你的计划被打乱，那么在接下来空闲的时间里，就要抽出几分钟修改当天余下时间的计划。个别时候，你可能一天会修改十几次计划。不过如果真的出现了这种情况，不要气馁。因为，这种方法的目的不是为了让你在规定时间内竭尽所能完成计划，而是在时间的推进中掌握工作的主动权，我们要知道即便是在一天当中，我们的决定也会一变再变。

工作计划模板

AM9：00——AM10：30	会议
AM10：40——AM11：50	回复工作邮件
AM12：00——AM12：30	午饭
AM12：35——PM1：30	午休
PM1：40——PM3：00	处理工作业务
PM3：05——PM3：20	冲咖啡，短暂休息
PM3：25——PM5：00	处理工作业务
PM5：05——PM5：50	回复工作邮件，开电话会议

深度思考

对于工作计划，在职场中有一句名言“计划是行动的保护伞”。在工作中，你是一个习惯于为自己制订工作计划的人吗？如果不是的话，请结合本文谈谈自己的想法。

深度实战：扎克伯格的效率法则

你可能没用过“脸书”，但想必你一定听说过马克·扎克伯格。这个1984年出生的小伙子凭借Facebook这款软件以接近700亿美元的身价一举问鼎全球最年轻亿万富豪的宝座。他每周工作的时间和大多数同龄人相仿，只有45小时左右，但产生的价值却很惊人，这是因为他善于将自己的工作时间转化为超高的工作效率。

硅谷知名投资人、亿万富豪马克·安德森曾经在一次访问中谈到扎克伯格时这样说道：“扎克伯格的神话完全是被一些人吹起来的，其中想象的成分居多。学习的能力、归纳推理的技巧、工作的技巧……这些统统被刻意地低估了。人们都觉得好像扎克伯格不过就是有了一个机会或者创意，一夜暴富。这就好比一个池塘，扎克伯格这种人站在水底，所有人都觉得自己只要跳下去也能一样站在水底，可是他们忽略了一件事情，所有人都只能慢慢地游下去。其实关键在于不断地提升自己，不断进步，而不是期望一步登天。”

扎克伯格从19岁开始创业一直到今天，和Facebook一起疯狂生长。在

Facebook成立初期，扎克伯格就与有着“帮主”之称的乔布斯成了忘年交，对于工作上的种种问题，扎克伯格常常到乔布斯那里寻求帮助。两人常常在下午一同散步讨论各种问题。除此之外，扎克伯格也同比尔·盖茨做深入的交流，聆听比尔·盖茨企业哲学和管理问题上面的建议。在美国科技行业，扎克伯格被称为第二个比尔·盖茨。也许，就连扎克伯格自己恐怕也不知道他为什么能够做出今天的成绩，但无疑他在工作中也是从一件件小事脚踏实地做起。作为全球最年轻的富豪，扎克伯格有自己独到的提高工作效率的方法。他的一些工作态度和工作经验对于职场中打拼的人来说具有很大的借鉴意义。

为了提升自己的工作效率，扎克伯格曾深度思考并且总结出了十条“效率法则”：

（1）时间在于优先，每天只计划四五个小时真正的工作。

（2）多任务只会消耗注意力。保持专注，一心一用。

（3）动手做事胜过任何完美想象。

（4）按重要性安排工作，提高效率；有会议尽早安排，把会议和沟通（邮件或电话）结合，创造不间断工作时间：一个小会，也会毁了一个下午，因为它会把下午撕成两个较小的时间段，以至于什么也干不成。

（5）一整天保持相同的工作环境。在项目和客户之间来回切换，这种工作的效率会很低。真正的工作应该是工作、放松、再工作。

（6）把不切实际的任务分割成合理的小任务，只要每天都完成小任务，你就会越来越接近那个大目标。

（7）从来没有两个任务会有相同的优先级，总会有个更重要，仔细考虑待办事情列表。

（8）给所有事情都设定一个期限，不要让工作无期限地进行下去。

（9）针对时间紧或有压力的任务，设置结束时间，万事皆可终结。

（10）多记，多做笔记。进入高效状态后，记下任何分散你注意力的东西，比如Google搜索词、灵光乍现的想法、新点子等。如果你把它们记下来，它们就不会再蹦来蹦去了。

第 4 章

深挖工作潜能，
向更高的职业目标迈进

Deep Work Rules

投入深度工作的状态，能够发挥出个人最大的工作潜能。要想在职场的道路上走得更远，就必须深度挖掘出自己的工作潜能，其关键要素有两点：集中注意力和极大的工作强度。只有打破自身的“潜能锁”，我们才能在工作中发挥出别具一格的创造性，创造不可替代的积极成果。

向高难度工作发起挑战

所谓企业MVP，就是敢于向困难任务不断发起挑战，并善于找方法克服困难的职员。

大困难带来大成就。在职场中，敢于向高难度的工作挑战，是一名优秀员工所应具备的基本素质，也是一名员工获得成功的根本基础、晋升加薪的重要筹码。现实中有很多人虽然颇有才学，本身具备种种领导赏识的能力，但没有得到赏识和重用，因为他们有一个致命的弱点：缺乏挑战的勇气。

想要成为公司的精英，当领导布置棘手的任务时，我们就不要说“没做过这个，我做不了这个”或“我现在没时间做这个”，而要主动请缨，抓住这个发挥潜能、超越自我、争取升职的机会。

阿德莱德在英国BBC广播公司主持娱乐节目。在他工作的第三年，部门主管找到他说：“圣诞节这期节目由你做统筹，负责导演以外的一切事务。”阿德莱德做主持人非常敬业，但是他没怎么留心过身边的同事如何做事。统筹是一个大管家式的工作，级别不高但是关系重大，需要维护广告商的关系以及挑选合格的供应商。阿德莱德担心自己胜任不了，就一再向部门主管反映：“我的经验还不够，我怕胜任不了圣诞晚会的统筹工作。”

阿德莱德没想到拒绝兼任统筹的后果那么严重。主管对阿德莱德的年终评定是：“工作能力一般，没有见过阿德莱德做过一个令人印象深刻的项目”。阿德莱德明白，这种评语如果是在外企，足以被辞退。

后来，每逢重大的项目，主管都会用其他人换下阿德莱德，被“雪藏”的日子真郁闷，阿德莱德的收入减少了很多。他一直到半年以后才重新找到一个崭露头角的机会，让总监重新评估他的实力，结束了坐“冷板凳”的生涯。

西方有句名言：“一个人的思想决定一个人的命运。”不敢向高难度的工作挑战，是对自己的潜能画地为牢，最终使自己无限的潜能化为有限的成就。如果你想摆脱平庸的工作状态，拥有精彩卓越的人生，就应当摆脱心灵的恐惧，不断地挑战自我，打破自我限制。

职场未来的路是自己的，想活得积极而有意义，就要勇敢地挑起生命中的重大责任。向高难度的工作挑战，这是对自己生命的提升，也是让人生价值最大化的一个快捷途径。因此，无论在工作中，还是在整个人生之中，不逃避困难才是我们最好的选择。

方法定制

为什么很多职场人在面对高难度任务的时候，第一时间想到的是逃避？这其中存在的原因很多，比如：日常工作已经够多了，新的有挑战的工作不会带来更多的薪水，反倒会干扰日常工作；接受了比较难的工作，领导会布置更多更难的工作，甚至就将这个棘手任务作为今后工作的标准；在“不求有功，但求无过”的企业文化中，万一完成不了挑战性的工作，会给领导带来不好的印象，影响自己的前程。

不过，从现实中看，接受挑战是一个更为明智的选择。

首先，领导对于员工的能力会有一个评估，不会将远超过员工能力的项目交给他，而且领导可能也已充分想好了员工做砸了这件事的退路。

更重要的是，这是一个员工超越日常平庸工作的机会，是发掘自己潜能的重要机会，经过了这个困难的阶段，以后的工作可能会开辟全新的领域，或是站在一个更高的位置。

迎接这样的挑战，提升自己能力的同时也为自己升职创造了条件。完成挑战性的工作，是一个创造性的过程，需要调动尽可能多的资源，需要职场人具备面对失败的勇气。

你也要明白一件事情，当领导将一项非常重要的任务交给你的时候，他和你的利益就紧紧地绑在了一起，也就是平时生活中俗称的“一根绳上的两只蚂蚱”。因此，在工作的时候尽可能及时向上级汇报工作进度并寻求支持，这样你可能会获得预想不到的资源。

另外，如果你发现自己的努力和能力仍然难以满足领导的预期，就不要拖到最后一天才提交工作结果，一定要及时向领导汇报，这是一种给自己留有余地的做法，可以修改工作或及时搬救兵。

深度思考

“脸书”创始人扎克伯格曾在一次演讲中说：“在人生的道路上，如果敢于向高难度的工作挑战，我们便能够突破自己。”从2009年开始，扎克伯格每一年都会为自己制订一项“个人年度挑战”，2009年扎克伯格的个人挑战是每天上班戴领带，次年他的工作目标则是努力学习中文。在2017年初，扎克伯格用“脸书”公布了这一年的工作目标——走遍美国50个州。

扎克伯格说：“我的工作是连接整个世界，给每个人自己的声音”。因此，他希望自己有机会亲身接触更多的普通人，了解他们的生活、工作和对自己未来的设想。

很多时候，职场人在公司的升迁或停滞不前都是自己平时的工作表现所造成的，优秀的精英珍惜工作中每一次的挑战，他们知道只有克服这些阻力，自己才能够打破头顶上那层阻碍自己晋升的天花板。

在职场竞争逐步激烈的今天，你是如何应对高难度工作挑战的？

千万不要抱怨分外的工作

分外的工作是一种负担，但也是一种机会。

在工作中，我们总能看到这样的员工，他们认为只要把自己的本职工作干好就行了。对于领导安排的额外的工作，不是抱怨，就是以敷衍的态度去做。相比很多愿意接受临时工作的员工而言，这些不愿接受工作，且消极怠工的员工，在职场的舞台上自然不会获得升职加薪的机会。

如果你对分外的工作不是抱怨、躲避和排斥，而是主动要求做，主动地每天多做一点点，那么，相信你的领导会很快关注你，逐渐信赖你，从而给你更多的机会！

利比斯出生在美国一个“贫民窟”中。和很多“贫民窟”中的孩子一样，利比斯中学毕业后就开始外出打工。利比斯还有一个兄长，已经在码头工作了三年，因此利比斯一毕业就被哥哥拉去码头缝补篷布。利比斯手很巧，没多久就能和那些老手一样工作，同时利比斯对工作也非常积极，而且有责任心。

有天深夜，窗外突然下起了瓢泼大雨。听到外面“哗哗”的雨声，利比斯一个翻身就从床上跳了下来。他拿起手电筒就冲到大雨中去，哥哥怎么劝他都没劝住，只好在他背后大骂他是个傻瓜：“这根本不是你要干的工作！这只是分外的工作，你去干了，老板也不会给你加工资！即使老板愿意给你钱，但你现在去干了，老板也看不见啊！”

利比斯却无心跟哥哥理论，他在心里认为：“只要力所能及，工作哪有什么分外分内的？”

利比斯平时工作的仓库很破旧，一遇到下雨天就会漏雨，利比斯拿着手电筒在仓库里来回巡视，查看一个又一个货堆，并加固了那些有可能被雨水渗进去的篷布。

正在这时，参加晚宴的老板开车路过仓库，发现了仓库里有微弱的灯光。老板以为是小偷，于是将车停稳，并从后备厢找出一根高尔夫球杆当成对付“小偷”的武器。可没想到，他看到的却是全身上下早已被雨水浇透的利比斯在忙碌地工作着。老板十分感动，当场表示要给予利比斯物质嘉奖。利比斯坚决地拒绝了：“不用了，我只是出来看看缝补的篷布结不结实。再说了，我就住在仓库旁边，来看一看货物也只是举手之劳。”

利比斯的诚实和责任心，让老板牢记在心。后来，老板新租了一个更大的仓库，还让利比斯去那个仓库当一名负责人。

身为一名普通员工，要想在众多的竞争之中纵横职场，取得成功，除了尽心尽力做好本职工作以外，还要多做一些分外的工作。这不仅能够让你时刻保持斗志，在工作中不断地锻炼自己、充实自己。同时，这些分外的工作，也会让你拥有更多的表演舞台，让你把自己的才华适时地表现出来，引起别人的注意，得到领导的重视和认同。

方法定制

工作中，遇到分外的工作时我们该怎么做？

1. 放平心态

大多时候，一些职场人在面对分外的工作时所惧怕的其实是工作的"不公平"，因为大部分所做的额外工作会以自己"捞不到半点好处"，或者"成为别人邀功的工具"而收场。但事实上，一个人在某一方面的努力，并非都毫无结果。在心理学里，不公平的心态大多来自自身的主观感受，一切都是自己的心态在作祟。

2. 转变想法

除却现实中确实存在的公司的恶意压榨，我们对于正常的额外工作大可不必太计较得失，因为做这些事情的同时也是在学习和进步。

现实中，很多人都是通过额外的工作而提高了自己的工作能力，并且在后来的工作中获得升迁。也许在很多不知道内情的人眼中，一个员工突然晋升实在是走了大运，但其实很少有人真正地了解过这个人平时付出了很多。这种付出通常是不计回报的或者回报很低。有些时候，也许付出的时间很长，有可能做了半年，有可能做了一年。其实做一些分外的工作就是这样的，你的努力可能不会立刻得到回报，但只要放平心态一直坚持，相信你也会收获自己应得的回报。

深度思考

在工作中，你是如何对待分外的工作的？请结合你的具体工作，谈谈自己的想法。

给自己加码、施压，你才能脱颖而出

加压是为了增强工作的耐力，只有承受住压力的重荷，才能承担更为艰巨的工作任务。

提起“工作压力”，相信很多职场人都会闻之色变，并会联想到自己曾经的“痛苦”往事，认为压力令自己苦不堪言。可实际上，压力没有我们想象中的那么可怕。职场中，压力对任何人来说都是一把双刃剑，既有负面作用，也有正面价值。虽然过大的压力会对我们的工作效率造成影响，并且使我们的身心受到折磨和损害。但如果换成适度的压力，则能够挖掘我们工作中的潜力，提高我们工作的效率以及忧患意识，并在众多的竞争者中脱颖而出。

在美国硅谷，有着“科技狂徒”之称的劳伦斯·埃里森年少时曾经读过三个大学，但由于种种原因，没有一所大学愿意为他颁发学位文凭。因此，在劳伦斯·埃里森步入社会后，连续换了十多家公司都没有一家公司愿意重用他。

劳伦斯·埃里森总是苦苦地跟公司里的领导说，自己能够为这家公司带来巨大收益，前提是提拔自己，让自己从一个部门主管做起，可是并没有人相信他的这个荒诞的说法，并纷纷给他贴上了“狂妄”的标签。几年后，诸事不顺的他也遭到了妻子的背叛。她不想再和这个穷小子过一辈子，打算开始自己的新生活。

离别那天，劳伦斯·埃里森为了挽留妻子甚至跪了下去，他说：“亲爱的，我求求你，不要离开我。过不了多久，我就会成为百万富翁，也一定会让你拥有幸福的生活。”他的妻子根本不相信他所说的话，最终还是离开了。

痛定思痛的劳伦斯·埃里森在他32岁生日之际创办了自己的公司，奇迹发生了，他的公司的销售额每年都在快速增长。他也在2009年《福布斯》杂志公布的全球富豪榜上，以225亿美元资产排名第四。

一个在没有成功的时候善于说大话的人，居然奇迹般地实现了梦想，这其中肯定有某些缘故。最终劳伦斯·埃里森在自己的回忆录中揭开了这个谜底。他说：“如果你喜欢预测梦想，但又不想让别人说你是骗子，你唯一可以做的就是，努力让自己成为预言家。”原来，劳伦斯·埃里森以前故意说大话竟然是为了给自己制造压力，营造促使他积极进取、努力行动的氛围。

英国剑桥大学教授贝弗里奇曾说：“人们最出色的工作往往在处于逆境的情况下做出。思想上的压力，甚至肉体上的痛苦都可能成为精神上的兴奋剂。”

当职场人在事业的道路上纵横飞奔的时候，给自己施加适当的压力，可以为自己的人生增添更多的光彩，让成功离自己更近一步。

2003 年 5 月，淘宝为了解决交易的担保问题，着手开发担保交易的系统，这是一个由不到十个人的团队研发出来的系统，而那个时候阿里巴巴不过是个千人级别的公司。

那时，淘宝刚上线，要和 ebay 竞争。当时马云经常把创业的人叫来开会，他这样说："淘宝只做第一，不做第二，做第二我们就关了它，在座的每一个人，对不起，那时候阿里巴巴公司也就没有你们的位置了。"那段时期包括马云在内的所有阿里巴巴的员工压力都很大，但马云之所以这么说从侧面也说明自己有把这件事做好的决心，他相信这个事情肯定可以做成，如果没有做成，那肯定是自己不够努力。

在阿里巴巴，任何团队的核心骨干，都必须学会在没有鼓励、没有认可、没有帮助、没有理解、没有宽容、没有退路，只有压力的情况下，一起和团队获得胜利。马云对于成功的定义只有一个，就是对结果负责。如果你在团队当中的作用是发动机，能够源源不断地输出自己的动力，那么你自然就是团队的核心！

方法定制

如何在激烈的职场竞争中给自己合理加压？

1．离开舒适区

我们可以像劳伦斯·埃里森那样不断寻求挑战激励自己，并时刻提防自己，不要躺倒在舒适区。舒适区只是避风港，不是安乐窝。它只是你心中准备迎接下次挑战之前刻意放松自己和恢复元气的地方。

2. 调高目标

或许很多职场人早已发现自己在工作中出现的问题，之所以达不到自己孜孜以求的目标，是因为自己的主要目标太小，而且模糊不清，使自己失去动力。如果你的主要目标不能激发你的想象力，目标的实现就会遥遥无期。因此，真正能激励你奋发向上的，是确立一个既宏伟又具体的远大目标。

3. 必要的时候撇开一些朋友

对于那些不支持你目标的“朋友”，或者和你一样“沉沦”的朋友，最好敬而远之。你所交往的人会改变你的生活。与愤世嫉俗的人为伍，他们就会拉你沉沦；结交那些希望你快乐和成功的人，你就在追求快乐和成功的路上迈出最重要的一步。同乐观的人为伴能让我们看到更多的人生希望。

4. 适当地给自己制造危机

圣女贞德说过：“所有战斗的胜负首先在自我的心里见分晓。”在工作中，危机能让我们竭尽全力。无视这种现象，我们往往会愚蠢地创造一种追求舒适的生活，努力设计各种越来越轻松的生活方式，使自己生活得风平浪静。当然，我们不必坐等危机或悲剧的到来，从内心挑战自我是我们生命力量的源泉。

深度思考

对于绝大多数人而言，没有人喜欢主动学习和努力，一切的一切都是因为有压力才不得不去做，这并不是什么值得羞愧的事情，而是人们的天性使然。在现代职场中，循规蹈矩的人肯定不会饿死，但那些有成就的人通常走的都是一条不寻常的道路。那么，在未来的工作中，你准备选择一条什么样的道路？

深度实战：华为的“垫子”精神

很多企业家或职场人关注一家公司，无非是想学习这家公司的经营理念，希望从中找到可以借鉴的经验和教训。在中国无数家企业中，华为以丰厚的业绩、惊人的发展速度使其备受瞩目。很多不了解华为的人在接触华为时几乎都会冒出一个想法：“这究竟是一家怎样的公司，为何能够取得如此辉煌的成绩？”

其实，这个问题用一句华为内训就可以做出回答：“以客户为中心，以奋斗者为本”。前者是华为人的价值观，而后者则是华为人的方法论。

早在很多年前，任正非就郑重地对华为员工说：“不奋斗，华为就没有出路”。可以说，没有哪个中国企业，比华为更重视奋斗的价值。

作为民营企业，早期的华为公司没有任何雄厚的背景，也没有其他企业所拥有的稀缺资源，除了励精图治、奋发图强，可以说，华为几乎什么都没有。用任正非的话来说：“我们只有艰苦奋斗，来缩短与竞争对手的差距。”正是所有华为人的共同付出和艰苦奋斗，才铸就了今天我们眼中的这个辉煌的华为。

华为成立初期，华为产品研发部的人员只有不到十个，没有资金，也没有相应的科研设备。华为人就是在这样艰苦的条件下，以忘我工作、拼搏奉献的老一辈科技工作者为榜样，刻苦攻关，夜以继日地钻研技术方案，开发、验证、测试产品设备……

很多华为人自愿放弃了假日和周末休息时间，在他们看来，不奋斗简直就是浪费时间和生命。当时，每个入职的员工都能免费领到一张垫子，平时，他们就把垫子放在自己的工位下面，累了就在垫子上休息一会，养足了精神就起来接着干。这一文化彰显着20世纪80年代末期华为人的奋斗和拼搏，这是需要我们每个当代社会中的职场人学习的宝贵经验。

艰苦奋斗的文化传统不单单是某个企业、某个民族的特色，更不是哪个国家的特色，而是属于现代社会中整天忙碌着的职场人。作为心中怀有无限梦想的职场人，要想成功就要长期奋斗。在华为，任正非不止一次在会议上说："30多岁年轻力壮，不努力，光想躺在床上数钱，可能吗？"答案显而易见，不可能。在华为，就连任正非这个年过70的老人都说只要自己还"飞得动"，就会搭乘飞机飞往全球各地艰苦的地区去看望驻守在那里的华为员工，无论那里战乱、饥荒还是瘟疫。"我若贪生怕死，何来让你们去英勇奋斗。"任正非用自己的行动践行着属于他的承诺。即便现在的华为在通信设备领域无人能敌，但艰苦奋斗精神仍然被华为公司所极力倡导和鼓励。

对职场人而言，在工作中努力奋斗是我们成长过程中的一种锻炼，是职场人需要学习的一部分，只有真正将能力发挥出来，才能享受到其带来的实惠。

很多刚刚走出校门的年轻人，对于未来职场都满怀憧憬，就像网络热播剧《万万没想到》中王大锤的那句经典独白一样："不用多久，我就会升职加薪、当上总经理、出任CEO、迎娶白富美、走上人生巅峰，想想还有点小激动呢。"确实，如果就这样走上了人生巅峰，每个人都会有点"小激动"，但身为职场人我们要明确一件事情，那就是"无论何时，天下都没有免费的午餐"，想要收获美好的未来，就需要我们马不停蹄地奋斗、争取。上天从来都不会辜负任何一个勤奋刻苦的人。

第 5 章

深度执行，
执行从来都不是表面功夫

Deep Work Rules

对于一心想要做出事业的职场人来说，他们永远会将执行放在“下一秒”，而不是“下下一秒”，这些人始终相信一点：决定人生高度的从来不是做事的完美程度，而是做事的速度。身为职场人，要想提升自身的执行力，就必须学会在遇到困难或阻碍时不找任何借口，不做表面功夫，而是在工作中积极地寻求解决问题的方法，深度执行上级下达的任务。

懂得服从，只有服从才有执行

在执行前什么最重要？服从安排最重要！

美国成功学大师戴尔·卡耐基曾经说过："有两种员工是根本不会成大器的，一种是除非别人要他做，不然打死也不主动做事的员工；另一种则是即使别人要他做，也不尽心做好事情的员工。"作为一名员工，在工作中如果连最起码的服从、主动自发的工作心态都没有，那他在职场中一定走不远。

1993 年，在海航集团刚刚创建的时候，陈峰就将员工的执行力放到了企业管理的首位，那时，海航集团有两名优秀的飞行员被陈峰送到美国接受特训，等到这两名飞行员回国时正好赶上腊月二十九，第二天便是除夕。于是这两个人违反了公司规定，直接回家过春节，事后被海航集团开除了。

海航集团内部还有这样的规定："如果飞机在飞行过程中出现了事故，公司总裁立刻降为副总裁，飞行部总经理就地免职，飞行员改行当搬运工。"对于这条规定，陈峰解释说："我不是为了惩罚而惩罚，而是教育，教育本人、教育大家。对所有人严格，出发点是为将来好，为事业好。"在陈峰看来，执行是没有大小事之分的：所有事情，无论大小，所有人，无论职位高低，只要是既定的规则，都要严格执行。

在某些方面来说，服从公司命令其实就是职场人竞争力的一种表现。唯有服从，才能让职场人在工作之中"解锁"高效执行力，让自己拥有更强的竞争力。

1903年，亨利·福特在美国底特律市创建了福特汽车公司，从此在汽车领域，福特走上了一条无休止的改革之路。可以说福特在汽车制造业简直是个天才，很多在当时看似不可能完成的奇思妙想都出自他的脑袋。

20世纪30年代，福特想要打造一款特别的车型，并且明确指出要造一个内附8个汽缸的引擎。福特公司的工程师接到这项任务时犯了难。

当时，在福特汽车公司里有一个叫杰克的工程师，他在福特公司工作已经超过了二十年，但就是这样一个经验丰富的优秀工程师，不但没有服从亨利·福特的安排，反而站出来指出了亨利·福特设计中的"缺陷"，多年的从业经验告诉他，把8个汽缸安装在一个引擎中是根本不可能实现的。因此，杰克找到福特并对他说："老板，你的这个计划就像是安徒生的童话，根本无法实现，不仅福特造不出来，世界上任何一家公司都造不出来。我可以向您保证，如果谁能设计出来，我甘愿放弃一年的薪水。"

福特笑了笑，没有说什么。他坚信自己的设想是正确且科学的，现在造不出来不代表以后造不出来。功夫不负有心人，在福特提出设想的一年后，福特公司的其他工程师经过不断的研究和实验，成功设计出了拥有 8 个汽缸的引擎，并且成功设计出了适合这种强力驱动引擎的福特 V8 汽车。

面对铁一般的事实，杰克不得不为自己当初的话付出一年薪水的代价。杰克对亨利·福特说："您是对的，老板。我愿意放弃去年一整年的薪水。"

福特抬头看了他一眼，然后坚决地说："不用了，你可以照常领走你的薪水，不过我觉得，你已经不适合在福特公司工作了。"

服从公司的安排，是实现自己目标必不可少的要素，它可以使你得到进步，使你受到领导的注意并最终会给你带来更多晋升的可能，实现自我价值。同时，服从也是我们面对工作时最强劲的推进剂，激发我们沉睡的潜力。职场人只有具备了这种服从精神，才能真正提高自己的执行能力。

方法定制

企业的优秀员工应该具备怎样的执行力?

1. 无条件地遵从上级的指示

在一些职场人的观念里，服从就是"对的就服从，不对的就不服从"。这种观念是错误的。所以服从者必须放弃个人的主见，一心一意地服从所属企业的价值理念和指令，不得以任何借口拒绝执行。

2. 服从应当直截了当

面对上级安排的任务，我们要借口少一点，行动多一点，不要牢骚满腹、推三阻四；而是应该没有"顾忌"、没有"烦琐"、无须"协调"、无须"磨合"，全力而迅速地执行任务。

3．先接受后沟通

作为企业员工我们要明白一个道理，主管做出的任何一个决策都不是一拍脑门就决定的，他的工作是系列化的，你的某一项任务只是其中的一个环节，不要因为你的这一环节影响到主管整个工作的进程,之所以他将任务分配给你，包含了他个人的判断，而你认为“不可行”那只是你的判断。你可以先接受任务，如果在执行过程中出现了问题，再去和主管多沟通。不要马上推辞，也不要列出一堆理由来说明你的困难，这是最不受领导欢迎的。

深度思考

张平明是一个流水线上的工人。在距离“十一黄金周”的前几天，公司接到了一张订单。根据订单要求，公司需要在半个月内就为客户出货。时间紧、任务重，更麻烦的是，在这期间还有国庆节的七天假期，但在激烈的企业竞争环境中，订单就是号角，订单就是命令。为了完成生产任务，公司领导经研究决定，国庆节期间不休息，加班加点完成订单，等完成这单之后再让所有员工休假。

但大多数员工都已经安排好了自己的假期，张平明也不例外，他答应女朋友要在长假里去哈尔滨旅游。可如今公司突然要求加班,这让他有些措手不及，得知不放假的消息之后，他没有公开抱怨加班，依然努力工作。

9 月 30 号的上午，张平明的身影没有出现在公司的生产线上。到了快中午的时候，张平民从医院打来电话，对领导说自己得了重病，正在检查。下午上班时，张平明拿着医院的病假条，来向班组长请假。虽然企业有很重的生产任务，但在人性化管理思想的指导下，公司领导还是批准了张平明的病假。

然而事情并没有因此结束，当张平明 10 月 8 日回到公司上班的时候，等着他的却是班组长、车间主任和公司的人力总监。原来，公司在 10 月 1 日的当天，曾特意派了人力部门的一位同事到张平明的家里去看望他，发现他家没人。最初这位同事以为张平明去医院看病了，于是将这个结果上报给了人力资源部，人力资源部的领导又亲自到医院进行探望，到了医院一询问才得知，张平明开了那张病假条之后再没来过医院进行复查和治疗。得知这样的结果，一切就都已经清楚了。

对于张平明的行为，你有何评价？如果你面临和他同样的情况，你会服从领导的安排吗？

拒绝拖延，执行要“马上、立刻、现在”

很多员工都喜欢拖延，他们对手头的事情不是做不好，而是“懒得做”，这是职场最大的恶习。

很多职场人都遇到过这样的场景：你下定决心要克服睡懒觉的毛病，计划每天早上六点半起床。第二天，你的闹钟准时响了，但是你根本就没有精神起床，并对自己说：“今天就当作最后一次吧，再多睡 10 分钟，明天绝对不再这样。”于是，你按掉闹钟，转头继续睡。第二天依然如此。这种遇事拖延的陋习不仅使自己背上了“拖拉机”的坏名声，更重要的是让自己丧失了效率和效能，潜能得不到发挥，最终一事无成。

富兰克林曾经说过：“千万不要把今天能做的事留到明天，这样我们将会错过很多成功的机会。”

李哲是一家企业的绘图员，主要负责设计图的绘制工作。大学期间李哲就显示出了自己聪明伶俐的一面，到了单位后同样反应敏捷，他做的设计图很精确，让很多同事赞不绝口。但他有一个毛病，那就是做事有点拖拉。面对领导的讲话，李哲虽然嘴上不说，但他在心底依然认为把事情拖一拖没什么不好，最后关头由于时间限制，会大大提高效率，并且，越是在最后的紧急关头，精力越是集中，一气呵成地完成任务会有一种酣畅淋漓的感觉。

有一次，科长安排他完成一个绘制设计图任务，让他三天内交上来。本来在两天内就可以轻松地完成，但在“拖拉哲学”的影响下，头两天他若无兵事地东逛逛，西转转，就是不动手。第三天，当他准备快速结束战斗的时候，单位停电了，所有的设计数据都在电脑里，结果，他被科长狠批了一顿。

科长摇着头无奈地说：“这孩子啥都好，就是办事拖拉的毛病不好。你看，几次我提名让他当副科长，可是人事科考核的时候总是不过关，反馈的意见是‘散漫拖拉，办事靠不住。’多好的苗子，硬是让拖拉给拖下去了，真是没办法。”

可以说，拖延是我们做事情时可怕的敌人，时刻摧残着我们的积极性。只有行动起来，才是战胜拖延的有力武器。

遗憾的是，很多人并没有吸取这个最大的教训，结果将自己沦为了拖延的“奴隶”。这些人说的远比做得多，甚至只说不做。但他们几乎个个都是找借口的行家，他们会找各种借口来拖延，直到最后他们证明这件事不应该，没有能力去做或已经来不及了为止。

本来可以从容地按时完成任务，但一定要拖到最后一刻，然后再急急忙忙、稀里糊涂完成；计划本身很好，因为拖延，却被搁置了，效果也大打折扣。就像一篇要写的文章，因为想要一个完美的开头，就无限期拖延，等过了无数个工作日，仍然是空白一片。

克服拖延的习惯，想方设法将其从你的个性中除掉。如果现在不下决心克服拖拉这个毛病，那事情永远不会完成；当然了，如果你不打算成功，不打算超越他人和自己，不打算改变现状的话，那你可以放任自己的拖延陋习。

在工作中，要想做出成绩，就必须克服拖延的习惯，培养高效执行的能力。想要克服拖延就要从完成小的目标做起，从点点滴滴做起。

方法定制

在日常生活及工作中，如何克服严重的拖延症？

1. 不要试图跟自己讲道理

你在做一件事之前犹豫权衡越久，你放弃的可能性越大。比如，一旦你开始想“要不要开始学习更多的专业知识”时，最后的结果往往是不去学了。

所以，不要试图跟自己讲道理，决定做什么了，直接去做。就像早上起床，不要再躺在床上给自己列举“起床的必要性”了，直接把被子蹬开，跳起，洗个脸就行了。

2. 营造让自己专注的环境，避免干扰

拖延就像一个“潜伏者”，它往往会被外界的干扰或者诱惑所触发，当环境中不存在可能的触发因子时，我们就越可能专心开始“正事”。比如：在我们工作时，可以断网或者关掉不需要的软件、网页，以及聊天工具、邮箱等。

3. 设置警示语提醒自己

比如把“去做”“不要拖延”这样的提示，用大字标红放在显眼的地方；

那些长时间在电脑跟前学习的人，可以把这些“警示语”设置为桌面。

4. 理出清单，先做最该做的事

哪些事情对你来说是重要的，列份清单出来吧。而且一定要确定你每天所做的事情都能够让你离目标更近一步。

拖延症直接影响着我们的日常生活，如果能克服拖延的习惯，我们做事的效率就会得到很大的提高，整天就会心情愉快。

深度思考

有一位非常成功的人士，受到了很多人敬仰，有人问他：“请问你为什么会成功？”

他说：“行动起来，不要拖延！”

那人又问他：“请问当你遇到挫折时，你会怎么办？”

他回答：“行动起来，不要拖延。”

那人又问他：“请问当你遇到困难情绪低落时，你会怎么办？”

他还是这样回答：“行动起来，不要拖延！”

那人还问他：“你能不能告诉我其他的成功秘诀？”

他还是这样回答：“行动起来，不要拖延！”

对于这位成功人士的“八字真诀”，你有什么看法？

落实要到位，执行不能打任何折扣

好员工就是落实工作不减步骤，执行任务不打折扣。

现实中，很多企业都将执行力放到了工作的首位，早在二十年前，任正非就曾在华为员工大会上严肃地说：“广大华为人要承担起历史责任，任务不讲条件，工作不打折扣，按时按质完成为客户服务的任务。”任正非认为华为的绩效源自员工的落实，只有不打折扣的执行才能保证工作的高效。

在商学院的课堂上，有一位老师曾在黑板上写过这样一个公式——“90%×90%×90%×90%×90%=59%”。这位老师说：“你们都是重点大学走出来的高才生，考过大试、小试无数，也都知道考 60 分就是及格，而满分 100 似乎比较难，而且太辛苦，所以很多学生通常都把自己的目标定在 90 分以上。从而养成了一个做事‘打折’的习惯，在后来的工作中也同样如此。其实，如果是平时考试，90 分以上不算低，甚至可以让你们引以为豪。但工作和考试不一样，工作的过程往往是由一个个细微的环节串联而成的，每个环节都以上一个环节为基础，各个环节之间相互影响的关系以乘法为基准最终产生结果，而不是百分比的简单叠加。环环相扣的一系列过程结束后，凡事‘打九折’的做事态度最终可能会为你带来59分的成绩，这是一个不及格的分数，一个会在激烈的竞争环境中遭到淘汰的分数。”

不可否认，很多职场人做事也都喜欢“打个折”，认为如果完美执行，不仅浪费精力，而且浪费时间，不如索性打个“八折”甚至更低。结果当工作一件一件干下去时却发现，即便自己在工作的后半程发力，全力以赴地执行，却连当初的八成水平都达不到了。就像很多综艺节目的“隔音传话”游戏一样，每个人戴上了耳机，然后通过肢体去表达上一个人告诉自己的意思，结果从第一个人传到最后一个人时，想要表达的内容早已面目全非。

因而，在工作中，我们要在工作中打起十二分精神，尽心尽力，负责到底，能出十分力的工作就别出八分力，只有这样，我们才能养成无论何时都能够完美执行工作的良好习惯。

方法定制

对于上级的安排，如何才能做到完美执行？

1. 在执行过程中追求“零缺陷”

“零缺陷”是一种工作信念，是对工作的一种决断和负责的精神。零缺陷意味着要从内心追求完美无缺，要求组织中的每一位成员都要在工作中下决心做到第一次和每一次都符合要求，把每一步都走得踏实。

2. 在工作中积累经验

有些时候，我们选择在工作中打折扣并不是因为偷懒，而是我们无法清晰描绘出完美的工作蓝图。这就要求我们在日常的工作中细心观察，总结出一套适合自己的经验，并且将知识往深里钻，往细里学。

3. 在工作上执行“高标准”

一个负责任的人对待工作应该具有这样的态度：“要么不做，要做就要做得最好。”只有工作做到尽善尽美，我们才会在工作中杜绝哪怕 1% 的不完美细节。

4. 严格要求自己

在企业中，无论我们身处什么样的岗位，只要认真对待，再小的角色也能变成主角。身为职场人，想要改变自己每天浑浑噩噩的状态其实很容易，就是在落实上级安排的工作时不打折扣地执行，发挥出自己的所有能力，保证完美地执行任务。只有当我们养成做事有板有眼、纹丝不乱的好习惯时，我们才能在未来人生的关键转折点上比别人走得更加顺畅，才能避免因打折做事而导致只得 59 分的残酷后果。

深度思考

很久以前，在西方有位踏实工作的木匠，他与房屋建设打了一辈子的交道。如今年纪大了，他觉得自己该享享清福了，于是他向老板提出了自己想要安度晚年的请求。

老板看着木匠脸上的皱纹，叹了一口气，虽然心中不舍，但还是批准了木匠的这个请求。不过在他离开之前，老板将最后一份工作交给了他，让他造一所木屋。

老木匠虽然口头上答应了老板的要求，但归心似箭的他，注意力早已不在工作上了。在盖房子的过程中，老木匠为了省事，于是偷工减料，能少用一颗钉子就少用一颗，不再像从前那样精细。当木匠造好了房子向老板交差时，老板却将这所房子的钥匙交给了木匠。

老板说：“从我父亲开始，您就一直为我家效力。因此，我对您的忠心十分敬重，因此这所房子就送给您当礼物吧。”

老木匠一听顿时傻了眼，自己用的都是最差的材料，早知如此，自己在盖房子的时候就不应该偷工减料、敷衍了事。

在职场中，很多职场人就像这位老木匠，在工作的时候出于某种原因，常常选择被动面对，而不是积极主动地工作。能混一天是一天，最终，当我们猛然回头时却发现局面已经变得十分糟糕，完全脱离了我们的控制和掌握。

对于这位老木匠的行为，你有什么看法？如果将你放在他的位置上，你会怎么做？

保证完成任务

接受任务不讲条件，执行任务不找借口，完成任务追求圆满。

对于军事迷来说，相信不会对“保证完成任务”这句口号感到陌生，这是解放军在接受任务和命令时说过最多的一句话。这句话表明了他们坚决执行命令的态度和出色完成任务的信念，正是这种“保证完成任务”的态度和信念，使得解放军常常在敌众我寡、武装落后、环境恶劣的条件下力挽狂澜，反败为胜。

同样，在企业里，绝大多数的管理者喜欢在交代任务时，听到的唯一回答是“保证完成任务”。在职场中，为了完成公司安排的任务，使出浑身解数的员工不在少数。他们总能够竭尽所能，克服一切阻碍工作的难题，最终完成任务。

2014 年 12 月 31 日，华为公司 CFO 孟晚舟女士在华为深圳总部发表新年致辞。讲话中，孟晚舟在提到 2014 年华为发展时深情地说：

“今年，华为在拓展国际业务上取得了不小的进展。这多亏了每位员工的付出和奉献。我记得在中东和南太地区的试点工作刚刚展开的时候，有 60 多位同事在接到试点任务令后，便收拾行装出发。没有人谈到自己的困难，也没有人提出自己的顾虑。尽管他们中间，有的亲人生病，有的妻子在医院待产，有的才刚刚从海外调回来。这些同事为了工作将自己的家事放在了后面，令我感到动容。公司的同事还和我讲了这样一个事情，有一天凌晨两点钟，他想起一件事情，马上起床发邮件，结果让他大吃一惊的是，没过多久，自己收件箱里便是满满当当的回复，有的来自本地员工，有的来自机关同事。他对我说，在那一刻，他被深深地感动了，在这样一个为了完成任务而奋斗的集体中，他感到无上荣耀。”

“保证完成任务！”是一种热情，也是一种承诺。如果一个职场人在任务面前畏缩、惧怕，那他很有可能这一辈子都不会有什么大的作为。要知道，在职场中，机会通常只青睐那些保证完成任务并且能够完成任务的职场人。

作为一名职场人，或许你不需要站在企业家的角度和高度去谋划公司的未来，可在本职工作中你应当做到专注任务、尽心尽力。特别是当公司需要你挺身而出的时候，你要表现出足够的担当和勇气，能够喊出并且做到“保证完成任务”，这不仅是对企业负责，同样也是对自己负责的一种表现。

方法定制

如何在工作中确保完成任务？

1．落实工作的过程中善于使用相应的工具

古语有云：“君子善假于物”。在合适的时机，你可以根据自己的情况巧借外力来帮助自己渡过难关，克服问题。

2. 熟悉相关信息

很多时候，你在工作中束手束脚，并不是因为没有魄力，而是由于你在执行过程中缺失一些关键的信息，导致自身没有方向。因此，在面对具有挑战性的任务时，我们应当提前了解相关信息，这些信息包括公司的整体目标及任务的关键点，了解这些信息，将会让你在解决具体问题时事半功倍。

3. 及时与上级领导沟通

很多时候，公司领导是乐于员工参与制订与其工作相关的决策的，并且也愿意与员工坦诚交流。身为执行者，我们要明确这种必要的坦诚交流和双方信息共享是执行任务的过程中不可缺少的一部分。

深度思考

在竞争趋于白热化的商业社会中，无论是小到几十个人的私企，还是大到数万人的明星企业，都极度缺少这种工作中能够坚决执行上级命令的员工。很多时候，一些员工在面对一些较难胜任的工作时，通常会表现出一种消极懈怠的心态。

归其原因，就是自身缺少一种达成任务的信念和决心。在现实工作中的你是否也对有难度的工作有过抱怨的心理？如果有，你会在今后的工作中如何改正呢？

深度实战：万达如何打造全球超一流的执行力

提起万达，相信绝大多数人都不会陌生，作为个人财产曾经超越李嘉诚的华人首富，王健林的身价可谓不菲，难怪近年来网络上流行着一句“神吐槽”：“钱不是万能的，钱是万达的。”

从 1992 年创立万达开始，王健林就在商场中开创了一条属于自己的商道。通过二十多年的发展和积累，如今的万达早已成了民营企业的标杆。让很多民营企业家羡慕的同时，他们也陷入了深思，万达如何能在短短二十几年飞速发展，万达的核心内动力又是什么？很多在万达公司工作过的员工在提起万达的公司文化时都会说，万达做事干净利落，不拖泥带水，整体效率很高。

很多与万达有过接触的人都能明显感觉到万达在运作时表现出的强大执行力。首先，万达是一个说到做到的公司。每当万达在运作某些项目的时候，在开工之初，就会确定竣工的时间。无论是万达广场、酒店、院线等，都是如此。按照惯例，在每年九月份的时候万达都会召开一个商业年会，并在会上公布次年所有项目的开业时间。或许，很多人会对万达的这种行为感到奇怪，为什么很多项目要提前一年就对外公布呢？其实，这背后存在着万达一种换位思考的智慧，目的是为了合作的商家着想，一旦提前公布，在保证自己商场开业的同时，也方便了招商。这期间，很多想要与万达建立合作意向的商人就会开始提前准备，为什么万达的开业招商不存在问题，有很多人跟随，这是万达所具备的很多吸引力之一。万达提前公布开业时间，而且绝不延误，百分之百开业。从事不动产行业多年，万达所有项目无一延期。

其次，万达自建立公司企业文化之后，就一直将执行文化放在了首位。作为万达的创始人，王健林总是以身作则，面对公司的“条条框框”，在要求手下员工做到的同时自己也能够做到。例如万达规定的“不搞裙带关系”，王健林就执行的很彻底，在万达，没有任何他的亲戚在公司工作。

在万达公司，“没有不可能”早已经成了万达流行的一种公司文化，只要董事会经过研讨确立过的目标，没有人说完不成或者说做不到。当然前提是这个目标要先说清楚，并且具有可以执行的方向，是员工可以做到的。一旦确立一个目标之后，团队就会立即执行，不会为种种事项找借口。在万达众多的团队中，所有成员共同感觉到完不成任务是一种可耻的行为，久而久之这种思想就逐渐形成了一种氛围。为了不在职场中“蒙羞”，很多万达人都会向着心中的目标奔跑。

除此之外，万达还有一套很严格的奖惩制度。在万达，完美地执行并完成一个项目，员工可以拿到很多奖金，这让很多有能力的员工在工作时会更加卖力，提前完成目标。

一个企业，要想真正地将执行推行下去，除了员工的支持，还要看管理层如何推动。在这点上，万达早些年的时候就定下了可执行的模式。

第一是万达总部集权。

很多创过业的人或许都曾对企业管理感到头疼，出于人情世故的考虑，觉得企业很难管理。同样面对人情社会，在这种情况下，万达拟定的管理模式是高度总部集权，公司所有权力向总部集中，同时弱化总经理个人作为。而且，万达的总经理和副总经理经常是轮换的。这样某些程度上便破除了公司内部的“人情网”。

第二是很少会为完不成业务而修改计划。

在万达，一旦定下计划书，便无法轻易更改。但是也并非没有过更改的先例，只是这种情况特别少，因为万达调整计划书上哪怕很小的步骤，都必须由项目负责人拿着计划书去找万达副总裁级别以上的高管，并且高管还需向上级申报。因而，一旦周密的计划制订了，基本上没人想要去改计划。

在计划明确以后，实施过程中就必须严格执行。但在很多企业的日常工作中，假如某个步骤延误，往往能够找出一大堆理由来进行调整，万达为保障计划的严肃性，原则上不予调整，明确规定只有发生因开业时间调整导致的整体计划调整、董事长批准的成本单项金额在2000万以上的调整等七类情况下才可以调整，其他一律不可调整。

一个小细节惊动领导，在任何企业都是极力想去避免的事情，所以在万达计划一旦确定想要修改会比“登天”更难！因为除了会惊动领导，更重要的是，它会牵一发而动全身，一个步骤的改变会给其他人带来很大的困扰和工作上的麻烦，因此万达员工除非遇到不可抗拒的因素，否则绝不会请求上级更改计划书。

可以说，多年来万达的执行力靠的是制度，是文化，是严格的奖惩以及万达的科技手段锻炼出来的。也正因如此，才让万达有了如此辉煌的今天。

第6章

责任感是深度工作的源泉，
做一个习惯负责任的员工

Deep Work Rules

对每个职场人来说，工作不仅是为了赚钱，更重要的是责任。责任心是工作和生活的一种积极的态度，只有拥有了这种态度，我们才会更容易进入深度工作的状态，在工作中少一些抱怨、少一些牢骚，多一份认真、多一份激情，工作也会因此更加出色。同时，我们的职场人生也会因此更加精彩。

建立责任意识，才能深度工作

工作中，责任并不是员工的负担，而是员工应具有的信念。

责任，是一个永恒的话题。千百年来，责任作为备受人们推崇的核心价值理念，体现着最基本的职业精神和商业精神。比尔·盖茨曾对他的员工说："人可以不伟大，但不可以没有责任心。"职场人只有具有高度的责任意识，才能在工作中勇于负责、深度工作。在每一个环节中力求完美，按质、按量地完成计划或任务。一家大公司由多个个体组成，公司里的每一个人都担负着企业生死存亡、兴衰成败的责任，因此无论职位高低都必须具有很强的责任意识。

一次，一位美国记者到东京出差，完成采访任务离开之前，她在一家百货公司挑选了一台唱机。售货员彬彬有礼、笑容可掬地为她挑选了一台尚未启封的机子。记者付了钱也没多想就回到了住处，然而当她拆开包装打算试用时，才发现盒子里居然没有唱机。记者顿时非常生气，可是第二天一大早她就要赶飞机回美国，于是这名记者打开电脑写下一篇名为《笑脸背后的真面目》的新闻稿，打算回国后在自己所在的报社披露这家无良的百货商场。

可让这个记者没想到的是，第二天一大早几名百货公司的人非常礼貌地敲开了她所在的酒店房门。领头的那个人递上了自己的名片，他是百货公司的总经理，随后总经理对她连连道歉，在解释的过程中，记者知道了事情的大致经过。

原来在昨天晚上清点商品时，百货公司服务人员发现由于自己的过失将一个空心的样货出售给了一位顾客，这件事非同小可。于是，员工将这件事第一时间反映给了上级主管，就这样，事情被一级一级上报到总经理那里。总经理得知此事后立刻召集有关人员商议解决方法。然而，关于这位记者的住处，他们却没有任何的线索，只是通过信用卡信息查询到记者的名字。通过这个名字，百货公司的员工向东京的各大宾馆查询，可是没有任何结果。于是，他们又将电话打到美国公司分部，让那里的人员查询有关这位记者的信息，直到后半夜，才接到美国分公司的回电，得知顾客在美国的父母的电话号码。接着，总经理又打电话到美国，得到顾客在东京的电话号码，通过记者的电话号码，他们终于在快到凌晨四点钟的时候查询到了记者所在的落脚地。这期间百货公司总共拨打出去 35 个紧急电话。

总经理解释完事情的经过，然后吩咐员工将 1 台完好的唱机外加唱片 1 张、1 盒蛋糕双手奉上，并再次表示歉意，直到这位记者说出“没关系”后方才离去。这位记者的感动之情可想而知，于是她立即删除了《笑脸背后的真面目》这篇新闻稿，重新写了一篇新闻，题目叫作《35 个紧急电话》。

如果这家百货公司的工作人员没有责任意识，他们就不会在工作中出现纰漏后做出这样大海捞针的行动，就不会有及时改正错误的机会。作为职场人，我们要向这家百货公司的员工学习。要知道，在市场竞争激烈的今天，从某种程度上来讲，市场竞争就是责任意识的竞争！只有我们自身建立责任意识，才能更专注地投入工作当中，在事业上做出一番让人惊叹的成绩。

方法定制

在深度工作的状态里，我们要怎么建立起自身的责任意识？

1. 重视工作中的细节

习惯成自然，当我们把责任变成一种习惯时，做事认真负责也就逐渐融入我们的日常工作中。当一个人主动去工作的时候，他就不会感觉到麻烦与劳累。

2. 拒绝依赖别人

有些人习惯在工作中依赖别人，本来自己应该能做的事却处处抱怨其他因素。比如：销售业绩差就怪产品不好；和同事关系不融洽就怪同事不热情；没找到好工作怪朋友不给帮忙……事实上，这种抱怨对我们百害而无一利，我们应该查找自己的问题，这样逐步培养我们的责任意识。

3. 将企业兴亡看成是自己的责任

对员工而言，只有企业发展了，员工个人才会有更大的发展空间。只有企业盈利了，员工的收入才能得到相应的提高。相反，如果企业不能发展和盈利，员工的一切利益就无从谈起了。所以企业的命运和每个员工息息相关，在工作中应该负起责任，把企业的事当成自己的事。

4. 对自己的承诺负责

在日常工作中，有些人会很草率地对别人做出承诺，而承诺过后，却发现这个诺言无法实现或存在很大的困难。所以，我们要记住“一诺千金”。

责任心是职场的杀手锏，是做好工作的第一要素，比任何能力都重要。只要有责任心，绝大部分的工作都能得到很好的解决。所以，我们一定要培养自己的责任心。

深度思考

在武汉市，有一座非常有名的“景明大楼”，这座大楼始建于1917年。到了1997年的时候，这座大楼突然收到当年的设计事务所从远隔重洋的英国寄来的一份函件。函件告知：“景明大楼为本事务所1917年设计，设计年限为80年，现已到期，如再使用为超期服役，敬请业主注意。”度过80年的春秋，竟然还有人为它操心，还在守着一份责任、一份承诺，这令当时景明大楼的拥有者十分感动。

请结合责任心和自己的工作经历，谈一谈你对这个故事的感想。

勇于承担责任，体现自身价值

一个人能承担多大的责任，未来的职场道路上他就能够走多远。

在如今越来越商业化的社会里，企业领导更多欣赏的是那些敢于承担责任的员工。因为只有这样的员工才能给人以信赖感，也只有这样的员工，才具备开拓精神，能为公司带来良好的效益。

作为由《财富》杂志评选的500强公司之一，AECOM公司的业务遍及全球125个国家。AECOM公司是建筑设计行业中的佼佼者，这家公司培养出许多优秀的建筑大师。

现年已经超过50岁的建筑师KATA年轻的时候就曾就职于这家公司，最初他在进入AECOM公司的时候并不是一个设计者，而是一名工资微薄的出纳员。当时，AECOM公司正在扩展海外业务，KATA正是在这样的情况下被派往中东，参与中东某项工程的建设。工程开展之后，为了节省成本，AECOM公司从中东雇用了不少当地的工人。可是由于语言不通，使得管理上出现了麻烦，最终导致中东的工人发动暴乱。

那天，KATA正在专心整理账本，一群凶神恶煞的工人突然冲进建筑工地开始闹事，这些工人有的手上还拿着短刀。当时AECOM公司的员工看到这种架势，纷纷逃离了工地，只有KATA坚持留了下来。

没过多久，有十多个手持凶器的闹事者冲进了他所在的财务室，其中一名闹事者把短刀狠狠地插到KATA面前的桌子上，并让KATA交出保险柜的钥匙，不然就给他点“颜色”看看。

KATA虽然感到害怕，但他并没有因此违背自己的原则。即便面对闹事者的威胁，他还是拒绝交出保险柜的钥匙。闹事者见威胁不成，于是就要硬抢保险柜，KATA见状冲了上去一把推开闹事者，将保险柜死死地抱在了怀里。他的这个举动激怒了闹事者，被闹事者一顿拳打脚踢。但就算是这样，KATA依然还是紧紧抱住保险柜不放。幸好这时候，工地外面传来了警车的鸣叫声，闹事者见势不妙，一哄而散，KATA被赶来的警察送去医院，这才捡回一条命。

这件事情之后，“KATA不惜生命保住了公司的保险柜”的事很快就在公司内部传开。

几个月后，在一次公司的管理会议上，有一个管理人员的空缺，董事们一致推选KATA担任这个职位。因此，KATA从他的出纳职位一下子越了三级成为公司的一名中层管理人员，并开始接触AECOM的核心业务——建筑设计。KATA通过在设计上的努力，只用了不到三年时间，便在建筑行业声名鹊起。

或许在很多人看来，KATA为了公司的保险柜，差点丢了自己的性命，未免也太不值得。更何况，当时的KATA又不是公司的什么重要人物，不过是一个可有可无的小出纳员而已。但是从另一个侧面也可以看出，为了一个保险柜都不惜丢掉性命的人，那么对待公司其他的事情，其用心和责任就可想而知了。

改变职场命运，首先要从负责开始。责任是做好一切工作的保证。任何一名员工，只要愿意为企业的利益着想，对自己的所作所为负起责任，并且持续不断地寻找解决问题的方法，就会成为非常优秀的人，也更容易获得成功。

美国塞文事务机器公司董事长保罗·查莱普说："我警告我们公司里的人，如果有谁做错了事，而不敢承担责任，我就开除他。因为这样做的人显然对我们公司没有足够的兴趣，也说明了他这个人缺乏责任心，根本不够资格成为我们公司里的一员。"勇于负责是员工一种积极进取的精神。现实中，只有那些勇于承担责任的人，才有可能被赋予更多的使命。在担负起责任的同时，也为自己积淀成功的人格基础。

方法定制

在一个团队中，怎样做才能担负起属于自己的那份责任？

1. 明白责任在工作中的重要性

每个人在面对工作时都有自己的一种态度，对待工作的态度端正与否能够直接影响一项工作能否顺利完成。在一个单位，有经验丰富的、参加工作时间长的“老员工”，也有刚刚进入岗位的“新员工”，但责任对二者同样重要。对刚刚参加工作不久的新员工来说，不能抱有“不会做、不想管、不去问”的“三不”错误思想。

而对老员工来讲，无论为公司效力多久，立过多少“汗马功劳”，都不能有倚老卖老、敷衍了事的消极态度。身为职场人，就应该明白、牢记“责任”对完成工作的重要性，在出色完成自己工作的同时，力所能及地学习和帮助身边的同事完成其他工作，要养成积极向上、虚心好学、主动承担的责任心。

2．永远记住“这是自己的工作”

“这是自己的工作！”这句话是每个职场人都应该牢牢记住的。哪怕遇到困难，哪怕是最不可能完成的任务，也不要推脱，只有你肯接受这份工作，你才有可能超越自己，才能保障工作落实到位。员工只有认识到自己在做的是一份不能推卸责任的工作，才会尽职尽责去提升自己的工作质量和服务态度，从而使工作得到有效的落实，推进事业的发展。

深度思考

20 世纪初，一位名叫弗兰克的美国意大利移民曾为人类精神历史写下灿烂的一笔。弗兰克通过艰苦创业用自己的全部积蓄开办了一家小银行。然而，有一次银行遭到抢劫，导致他从天堂陷入了地狱。那场灾难过后，弗兰克失去了所有的银行存款，法院不得不宣布他破产，并宣判他不用归还储户损失的财产，即便没有这个判决，很多人由于同情也选择了原谅他。

弗兰克却不这么想，他认为无论是什么原因，自己都造成了储户的损失，他决定依靠自己的劳动来偿还这笔钱，偿还的过程使他和他的家人过了长达三十九年的艰苦生活，当他将最后一笔“债务”还清时，他热泪盈眶地对自己说："老伙计，你做到了。"

当初，几乎所有的人都劝他："你为什么要这样做呢？这件事你是没有责任的。"但他回答："是的，在法律上也许我没有责任，但在道义上，我有责任，我应该还钱。"弗兰克用了自己半生的辛酸和汗水完成了他的责任，而给世界留下了一笔真正的财富，那就是"责任"二字。

你认可弗兰克的做法吗？为什么？

锁定责任，才能锁定结果

优秀员工永远都会在工作中明确自己的责任，绝不会出现相互扯皮、互相推诿的现象。

在公司里，相信很多职场人都遇到过各部门之间、员工之间就一个事情应该由谁做，或由谁来负责任时，相互推诿、踢皮球的这种现象。这不仅影响企业内部的工作氛围，而且极大影响公司的工作效率和效果。

有一家企业在年底没有完成当年的销售任务，为了查明没有完成任务的主要原因，总经理召集各部门负责人开分析会。

各部门负责人到达会议室之后，大家你看看我，我看看你，最终还是销售部经理首先发言："我觉得这个事的原因不在于我们部门。本来今年十月的时候我们公司预计有几款新产品要上市，早在七月的时候我们就已经跟客户做出了承诺，但是到了年底新产品还是没有生产出来，导致我们无法跟客户兑现承诺，这才没有完成目标。”听到销售部经理的解释，总经理觉得有些道理，于是将视线转向研发部的负责人。

研发部的负责人想了想说：“哎，这件事和我们也没有太大的关系啊，本来今年给我们定好了研发经费，可是第二季度的时候公司的管理成本突然增加，把我们的研发经费砍去了一大半，我们也想尽快研发出新产品，但是没有经费做支撑，我们也没有办法。”

总经理思考一下，感觉研发部的负责人讲得也没问题，于是总经理顺着这条线又找到财务部。然而财务部负责人却说：“我们砍掉研发经费也是有原因的，今年原材料价格疯长，公司的管理成本增加了很多，现在外面的竞争本来就很激烈，企业的利润水平逐年下降，我们必须降低成本，于是把研发经费给砍掉了。我当时还征询过您的意见，您不是也同意了吗？”

总经理有些尴尬地挠了挠头，印象中他记得是有这么一回事，于是总经理最后将目光落在了采购部的负责人身上。

面对总经理冷峻的目光，采购部负责人大呼冤枉：“总经理啊，这件事要是我们背黑锅就太冤了，情况是这样的，今年年初的时候越南搞暴乱……”没等采购部负责人把话说完，总经理就拍桌子站起来打断了他的话：“用不着扯到这种毫不相干的事情上去吧？”

采购部负责人忙说：“总经理啊，您先别生气，先听我把话说完，越南搞暴乱的地址是在胡志明市。那附近就是给我们提供原材料的矿山，结果导致了原材料铬的国际市场价格短短几天之内上浮 20%，我们也没有办法。”

这家公司的荒唐事件之所以发生，原因就是各部门责任界定的不够清楚，导致各个部门相互推诿。很多时候，员工没有把工作做好，并不是因为在工作中偷懒，而是因为没有提供有价值的、正确的结果，这也正是领导总不满意员工工作的主要原因。

一家公司要想获得良性发展，无论公司内部员工职位高低，都必须肩负起自己应有的责任。如果一遇到困难首先想到的是抱怨和推诿，这样的职场人只会原地踏步，难成大事，甚至于发展到以后自己的格局会越来越小。想要成为行业中的佼佼者，就必须懂得，工作不仅需要快速执行，而且还要先人一步发现问题，并且能够推动问题，解决问题。能够做到这些，无论到哪家公司就职，都能获得信任和重用。职场中真正的精英并不是靠别人驱动的，而是被自己驱动的。

方法定制

做得好的公司都一个共同点：员工勇于承担责任；相反，做得不好的公司，出了问题，员工都在相互推卸责任。如何锁定工作责任？这就要求公司从制度方面寻找切入点。通常来说，员工有五种工作方式：等着做；问着做；提出建议，等着结果再做；主动做，边做边汇报；主动做，然后按程序汇报。

作为企业管理者，如果你想让员工认清自己的责任，那么就必须从根源上杜绝公司内部员工的前两种工作方式。因为“等着做”或“问着做”的情况下，责任总是会被轻而易举地推走。

因此，要想做好工作，实现目标，公司首先就要锁定责任，建立一对一责任制。表现在工作中,公司管理层对下发的每项任务都不用“我们”“你们”“他们”来限定，而是要用“我”“你”“他”等明确的字。因为加上“们”字，责任就会被稀释掉。

在建立责任机制方面，海尔集团就是一个鲜活的例子。

在海尔集团的一个材料库内，共有近 3000 块玻璃，在这些玻璃的角落都贴着两个编码，其中一个编码代表负责擦这块玻璃的责任人，另外那个编码则代表负责检查这块玻璃的人。

海尔集团在考核准则上规定：如果玻璃脏了，责任不是负责擦的人，而是负责检查的人。在一对一责任制的管理下，根本不会发生责任推诿的现象。

这就是海尔 OEC 管理法的典型做法。在海尔，大到机器设备，小到一块玻璃，都清楚标明事件的责任人与事件检查的监督人，有详细的工作内容及考核标准。如此形成环环相扣的责任链，做到了“奖有理，罚有据”。这种做法将工作分解到“三个一”，即每一个人、每一天、每一项工作。

这种管理的核心是，我们不再去想个人的工作态度如何，我们要把责任锁定，即使是一个简单的擦玻璃的工作，也要明确指定两位责任人，并各自有各自的明确责任。

深度思考

闭上眼想一想，我们在工作中是不是都遇到过这样的情形。当我们遇到无法解决的问题时，我们会主动找到上级主管说：“您前阵子布置我们做的事，现在出了点问题，您看这个事情怎么解决？”当得到明确的回复之后，我们便按照给出的方法去做，也不管这种做法会不会解决问题。如果问题还是没有得到解决，那么也会觉得与自己无关，反正我们按照上面的指示做了。

在工作中，其实每个人多少都存在“回避风险”的本性。我们可以把理由往别人身上推，而别人又能够在另外的同事身上找到借口，可我们有没有想过一个基本的问题：如果我们能将问题一次性解决，那么还会存在其他的问题吗？答案是不会的，可是为什么我们不愿解决呢？恐怕这是每一个员工都需要思考的问题。

深度实战：联邦快递，使命必达

1971 年 6 月 28 日，一家名为“联邦快递”的公司在美国阿肯色州的首府小石城正式成立。多年以来，联邦快递一直坚守着“使命必达”的信念。众所周知，快递公司最注重的服务就是“安全”“快”“准时”，作为美国知名的快递公司之一，联邦快递拥有数百架专用的运输飞机，对于洲际运输服务也可以轻松做到 24 小时之内送到，正如他们向客户所承诺的那样：使命必达！

相信很多人都在电视上看过联邦快递拍摄的这样一则广告：由于天气原因，一架印有联邦快递公司 LOGO 的飞机不幸遇难，飞机上的一名快递员在这起空难中死里逃生，流落荒岛。他的怀里一直抱着自己要配送的快递，就这样五年过去了。他获救的第一件事就是把一直陪伴在他身边五年的包裹按照地址送到了收货人的手里。他对收货人解释说：“对不起，让您久等了。我是联邦快递的员工，在五年前因为飞机失事流落荒岛，但我仍然坚持把它送给您”。快递员在离去之前有些好奇地问了一句“我想知道包裹里面是什么？”女主人随即拆开包裹，拿出里面的手机、GPS 卫星定位系统和一盒止痛片……

这则广告以极为幽默和夸张的方式揭示联邦快递“使命必达”的服务宗旨。试想五年前飞机失事的包裹都坚持为客户送到，并且快递员从未打开过包裹，还有什么能让人怀疑呢？多年来，联邦快递以感性的诉求方法，用执着的信念打动消费者的心，取得了良好的效果，让消费者在感动之余更青睐联邦快递。

联邦快递自成立以来就强调准时、安全送达，即使在遭遇突发事件时，也尽最大可能按时将包裹送达。联邦快递的创始人弗雷德早些年的时候一再向客户保证："如果耽误60秒，公司就全额退款。"

有记者曾对联邦快递的工作方式感到好奇，在创始人弗雷德的同意下，这名记者跟随弗雷德来到位于美国田纳西州孟菲斯的公司总部，在这里，随时都有飞机起落。多名地面工作者忙碌地工作着，机械师在飞机起飞前做最后的检查，叉车司机一趟一趟不停地搬运货物，工人们则拿着扫描仪检查货物，一切都是那样的井然有序……

通常，每架飞机的装货和卸货过程基本上都被控制在一个小时以内。随后，装载货物的飞机在地面控制台的指挥下慢慢开上跑道，向着目的地起飞。

为了确保货物在24小时之后送到收件人的手中，每个夜晚，在联邦快递的总部，这些肩负责任和使命的联邦人都是在这样争分夺秒的工作中度过的。

作为以提供快递服务为主的公司，联邦快递明白时间意味着什么，他们特别注重"准时"，每个联邦快递人都以"准时世界"为座右铭。

2001年9月11号，恐怖分子劫持飞机先后撞击美国纽约世贸中心和华盛顿五角大楼，这就是恐怖的"9·11"事件。恐怖事件发生后，美国在全国范围内实行禁飞令。为了兑现公司"使命必达"的承诺，联邦快递公司在12小时之内租用了800辆卡车运送包裹，结果大部分货物的交货时间仅比规定时间晚一天。

追求极致的服务不仅是联邦快递公司的信誉所在，同时也是每一名联邦快递公司员工素质的体现。如今，使命感和责任感，已成为现代职场人所必备的素质之一，更是高效能人士的一项深度工作必不可少的习惯。要想成为一名优秀的员工，我们应该养成这种习惯。

第 7 章

别让借口害了你，
借口是深度工作的天敌

Deep Work Rules

在著名的西点军校，当学员遇到问话时只能回答“是”或“不是”，“知道”或“不知道”，除此之外，学员不能再多说任何一个字。这是美国西点军校多年来奉行的最重要的行为准则之一——“没有任何借口”，哪怕是看似合理的借口也不行。这条行为准则体现的是一种完美的执行能力，一种服从诚实的态度，一种负责敬业的精神。西点军校如此，同理，职场人在工作中也不应找任何借口，这不但是每个职场人最基本也是最重要的素养，更是职场人实现深度工作最根本的保证。

一流的员工深度工作，末流的员工寻找借口

为自己找借口的职场人，永远不会有大的进步。

工作中，在执行任务时千方百计找借口并不是一种好的习惯，很多员工面对问题时不是积极、主动地想办法加以解决，如此一来，这些人的工作进度就会变得缓慢，没有效率可言。一旦任务弄砸了，这些人就会找一大堆看似合理的借口为自己开脱，以换得同事对自己的谅解和同情。

或许，一些看似“合情合理”的借口能将我们的过错暂时掩盖，可是长此以往，就会让我们在工作中渐渐失去了冲劲，不再努力，最终沦为最末流的员工，被公司所淘汰。

每个人的职场生涯都不可能一直顺风顺水，总会在工作中遇到各种各样的困难。在让人心烦的难题面前，能够静下心来找方法解决的员工，一定是企业里优秀的员工，同时也是企业最需要的人。

杜超是一家食品公司的推销员。本市有家大型连锁卖场A卖场，对于占领该市的终端市场极为重要，于是销售总监决定让杜超去打通关系。事实上，在杜超之前，公司已经先后派出了好几位优秀的销售人员，但是他们都败下阵来，原因是A卖场在当地是零售业老大，所以一向霸道，没有熟人关系进场费用开价很高，而且不给还价的机会。

杜超接到这个艰巨的任务之后寝食难安："烫手的山芋丢给我真是有喜有悲呀！如果该任务完成，升迁是顺理成章的事，但完不成任务，同事们一定会质疑我的能力，说不定哪天领导就会让我卷铺盖走人。这该怎么办呢？"虽然他一度想拒绝，但最后还是咬咬牙去了。

接下来的几天，杜超去拜访A卖场的销售经理黄总几次，等了很长时间连面都没见到，他知道这是黄总故意不给他任何压价的机会，逼迫他同意苛刻的条件。

此路不通，另辟蹊径。聪明的杜超瞄准了黄总的太太，他多方打听了解到黄总的太太在一家银行工作，于是他请一个做保险的朋友以推销保险为由主动认识了黄总的太太，然后再让他把自己也介绍给黄总的太太认识。不久，杜超通过给小孩子买礼物等手段拉近了与黄总太太的距离。时机成熟后，他又暗中让黄总的太太把自己引荐给黄总，一见面黄总就深感杜超的用心良苦，爽快地同意了杜超公司的产品以低廉的进场费进驻卖场。

可以想象，如果杜超也像前几名推销员那样遇到问题不努力去想办法解决，而是随便找个借口就回来了，那他绝对不可能完成这个让自己公司以低廉的进场费进入这家卖场的任务。

因此，职场人在遇到困难的时候，一定要多想想解决事情的方法，而不是一味地为自己找借口。要知道，方法总比困难多，只要积极地去想方法，一定能解决任何困难，也只有深度工作，在问题面前积极找方法的人，才能为公司做出更大的贡献，在事业上收获自己的春天。

相反，有些职场员工在面对失败时，总喜欢给自己找借口。他们或者责怪公司管理不好，或是责怪公司培训不好，或是说产品太贵不好卖，或是责怪客户太低级没水平。总之，他们绝不检讨自己到底犯了什么错。

其实，他们之所以喜欢给自己找借口，无非是想把自己应该承担的责任转嫁给他人，从而使自己的心理得到暂时的平衡。如果职场人总是把大量的时间和精力放在如何寻找一个合适的借口上，时间久了，只会让自己深陷借口的泥沼之中。

在一家软件设计公司，一个由海归计算机专业高才生主导的开发项目失败了，这名高才生顿时感到工作压力很大，他向同事不断抱怨着，他的抱怨被路过的总经理听到了，于是总经理走了过来参与到了他们的谈话中。

总经理问道："你知道自己开发失败的问题出在哪吗？"

这名高才生滔滔不绝地说出了自己的理由，例如：时机不成熟、缺少相应的代码等。

总经理听了之后，摇了摇头说："我问你一个问题，你知道穷人拥有最多的是什么吗？"

高才生想了想回答说："穷人有什么呢？穷人什么都没有。"

总经理又问："那你知道成功人士拥有最多的是什么吗？"

高才生回答得很干脆："是钱！"

听到这个回答，总经理笑了笑说："你知道自己拥有最多的是什么吗？"

高才生思考一下说："时间！"

总经理严厉地说："错，你从头到尾拥有最多的就是借口，失败的原因不是因为你不行，不是因为你没能力，而是因为你为自己找了太多的借口。而成功人士拥有最多的是方法，他们从不为自己的失败找借口，而是找失败的原因，寻找解决问题的方法。"

这名高才生听了之后感到无地自容，更为自己的行为感到羞愧。

在现实工作中，像这位高才生遇到问题不是想办法解决，而是四处找借口来推脱的人并不少见，但是他们这样做所带来的结果是不仅损害了公司的利益，同时也给上级留下了不好的印象，阻碍了自己未来的发展。

方法定制

首先，测试自己是否是一个爱找借口的人。

请如实回答以下五个问题：

（1）工作没有完成，你是否会说因为我工作太多了，忙不过来？

A. 是　　B. 否

（2）没有和客户联系上，你是否会说因为电话打不通或电话弄丢了？

A. 是　　B. 否

（3）你是否会说我做不了某项工作，是因为我没有受过专业的培训？

A. 是　　B. 否

（4）你是否会说那个客户太挑剔了，没有人能满足他？

A. 是　　B. 否

（5）当你的工作出现错误时，你是否总是为自己辩解？

A. 是　　B. 否

答案：

（1）回答“是”四个以上，说明你是一个十足的爱找借口者。任何一件事情没有做到，你都有各种各样的理由。可是，你有没有想过，这些理由并没有给你带来任何益处，而只会使你变得不再让人信任。在公司里，你甚至有立刻被解雇的危险；而在生活中，继续这么下去，你将是一个十足的失败者。

（2）回答“是”三个以下，说明你是一个比较负责任的人。你会承担完全属于你自己的责任，但是不会承担除自己以外的责任。你在工作中还需要增强自己的积极性，努力做一个不找借口的人，你的生活和工作状况都会有全新的改变。

（3）回答“是”一个以下，说明你是一个懂得自我负责的人。你很少抱怨环境和别人，在工作中，你完全具备一名优秀员工的素质。只要你不断提高自身的能力，你将获得更大的成功。

其次，如果你是一个爱找借口的人，就要努力改变。方法如下：

（1）停止把自己的处境怪罪于外在的环境。

（2）停止把自己的处境怪罪在他人头上。

（3）每天向着工作目标迈进一步。

（4）坚持下去，直到你完成任务。

（5）以解决问题为导向。

深度思考

工作中，一名优秀的员工应该将自己的潜能发挥到极限，而不是浪费时间寻找借口。如果任务失败，再“合理”的借口都无济于事。

在工作中，你有找借口的习惯吗？在执行任务的过程中，遇到问题时你第一时间是找方法还是找借口？以后还会这样做下去吗？

闭上抱怨的嘴，迈开做事的腿

工作中，与其抱怨，不如行动。

在职场中，我们经常听到身边同事的抱怨，有人觉得工作累，有人认为每天重复相同的事太无聊、太枯燥，最终导致自己对工作失去热情，对事业失去冲劲。以这样的态度对待工作，无论干什么工作，时间久了都会觉得索然无味。如果我们能停止抱怨，带着积极的心态去做事，相信最终结果就完全不一样。

“唉，我明明是名牌大学毕业的高才生，公司却分配我一个这么平凡的岗位，这能做出什么成就？”相信很多刚从大学毕业的“天之骄子”在面对平凡的工作岗位时，曾发出过这样的感叹。但对于美国石油大王——约翰·D. 洛克菲勒而言，却不是这样的。洛克菲勒的人生哲学是：“我成功，是因为我勿责难，勿抱怨，遇到问题绝不推诿。”

洛克菲勒出身贫穷，小的时候也没有接受过什么高等教育，在他16岁时就离开了自己的父母，外出打工。当时，美国正赶上采油大潮，年轻的洛克菲勒在石油中看到了未来的商机，因此，他决定进入石油行业。最初到公司时，由于洛克菲勒学历不高，自身也没什么拿得出手的技术，因此被派到工地上检查石油罐盖有没有自动焊接好。这份工作的薪水很低，因为这是整个公司里最简单的工作岗位了，毫不留情地说，这份工作就连十岁的小孩都能胜任。

这份工作既没前途，也十分枯燥。和大多数人一样，没干多久，洛克菲勒就从心底开始厌恶这份工作了。他给公司的主管写信，试图申请调换其他工作，可每次寄出的信都像石沉大海一般得不到半点回应。无奈之下，洛克菲勒只能继续做这份无聊的工作。

但他并没有因此而对公司心生怨恨，反而在工作中更加尽职尽责。后来，洛克菲勒发现每焊好一个石油罐盖，需要 39 滴焊接剂，可是经过计算，洛克菲勒认为似乎只要 38 滴焊接剂就够了，这个想法激起了他的兴趣。于是工作之余，他开始动手测试。通过一段时间的研究，洛克菲勒终于独立研制出“38 滴型”焊接机。这在当时的焊接机领域，是一项重大的发明！尽管“38 滴型”焊接机每次只比之前的焊接机节省 1 滴焊接剂，可就是这每次节省的 1 滴焊接剂，加起来也是一个不小的数字，每年能够为公司省下上百万美元的开支。

洛克菲勒就是从这一滴小小的焊接剂开始，逐渐通过自己在工作上的思考和行动改变了自己的人生。

在工作中，有些人常常抱怨自己没有机会，殊不知，机会稍纵即逝，它总是留给那些立即行动的人。要知道，职场精英与普通员工最大的区别就是，职场精英不会浪费时间在工作中抱怨，而总是在想如何能够更好地完成自己的工作。

方法定制

如何在工作中减少抱怨？

1．找到属于自己的兴趣

很多人都抱怨自己的工作没有多大意义，每天上班都重复做着相同的工作，无聊透顶，即便换了好几份工作，依然如此，甚至有那么一刻，觉得自己都失去了生存的意义。

其实，重复烦琐的工作并不可怕，可怕的是我们在工作中失去了寻找兴趣的欲望。可以说，兴趣是我们生活、工作的动力。我们如果对一件事物产生了兴趣，就会调动自身的潜能、时间和精力去接触、去体验，不管遇到什么困难险阻，都会一如既往地进行下去。而如果我们找不到兴趣，生活就会变得很枯燥，做任何工作都没有激情。

2．调整心态

莎士比亚曾说："一千个人眼中就有一千个哈姆雷特。"在工作中也是如此，例如：当我们工作时，对于上级突然安排的任务，有很多员工会抱怨，这是给他增加额外的工作量；可是心态积极的员工却会觉得多做点就会多学到一点，于是更加认真地对待。

两种不同的心态会造成两种不同的结果，对于职场员工而言，永远保持一个良好、积极的心态非常重要。因而，在工作中我们要及时调整自己的心态，时刻保持愉快的心情。

深度思考

请你结合洛克菲勒的成功经历，谈谈你对洛克菲勒"勿责难，勿抱怨，遇到问题绝不推诿"这一成功哲学的看法。

没有做不下的市场，没有完不成的任务

工作中一切皆有可能，“不可能”的意思是：“不，可能”。

华为集团前海外市场副总裁范厚华曾在接受采访时说道：“对员工来说，困难是拿来克服的，挫折是拿来斗争的；没有做不下的市场，也没有完不成的任务，关键是有没有信仰。”

在 2017 年《财富》杂志公布的世界 500 强企业榜单中，华为公司以第 83 名的好成绩位列中国科技型企业第一位。可如果将时光倒回到 20 年前，我们可以看到 1997 年的华为并不像今天这样辉煌。

当时，刚刚起步的华为刚进入广西市场，客户基础为零，面对华为销售人员的推销，很多公司纷纷以没用过华为的产品为由将其拒之门外。在这种形势下，范厚华转移销售目标，将手下的销售员分成两队，在拜访地市局的同时，还到各个县去拜访客户，去察看各个县局机房和设备缺口，以找出客户可能存在的需求。

那是范厚华来到广西的第二个月，当时广西河池市的莫贝克电源公司正在开展电源招标活动。范厚华亲自上阵，带了几个员工第一时间赶到河池。没有想到，刚一见面莫贝克公司的负责人就说：“华为

电源刚上市没多久，质量没有什么保障，还是算了吧。”

一句“算了吧”，瞬间熄灭了范厚华的热情，但他完全明白客户有这样的顾虑是对的，换成自己，对于一款没有多少良性口碑的产品，想必也会选择拒绝。

回到宾馆后，范厚华整夜未眠，将心比心、认真研究客户的心理，在凌晨的时候，制订出一套新的推销方案。天色微亮，他来不及吃宾馆供应的免费早餐就一个人出了门。范厚华到达莫贝克公司的时候，公司还未开门，他也不着急，一边等一边在内心里反复推敲说辞。一个小时后，范厚华又一次见到了莫贝克公司招标的负责人。

范厚华耐心地为对方讲解了华为电源的商品参数，以及商品最初在哪里开过局、华为产品的技术优势、华为的未来发展诉求、华为的追求和信仰。通过范厚华以及华为团队的不懈努力，终于得到客户的理解和认可。最终，在那次河池市的电源招标活动中，华为公司成了最大的赢家，一次性与莫贝克公司签署了总价超过300万的商品合同。借此，华为终于打开了广西壮族自治区的电源市场，并从河池逐步拓展到广西多地。

相比于范厚华的积极进取，在日常工作中，我们见到更多的是“这也不行、那也不行”的职场人，这些人一旦遇到无法解决的问题，就会为自己找各种各样的借口搪塞过去。

其实，在众多借口的背后，都只想表达一个观点——“我做不到”。在现代职场中，企业缺少的正是那种想尽办法去开拓市场、完成任务，而不是总爱找一大堆借口的员工。如果我们能够拥有不达目的不罢休的坚持不懈的精神，相信我们在未来的职场道路上能够走得更远。

方法定制

如果工作中遇到一些看似很难完成的工作任务，我们该如何调整自己的状态来应对呢？

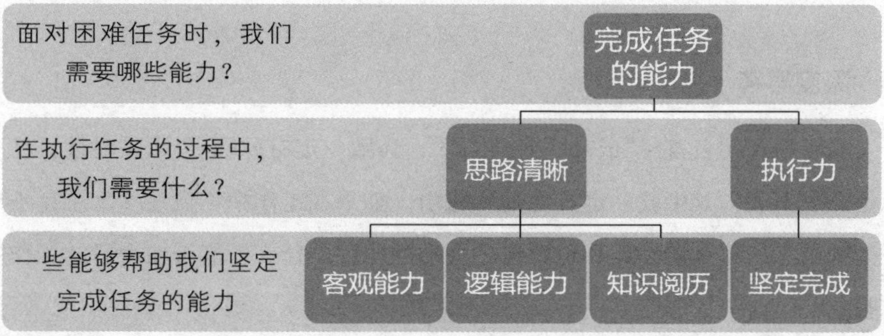

1．保持适度的紧张

很多职场员工普遍认为紧张工作是不好的，只有安闲宁静才是自身追求的目标。这种说法虽有一定道理，却不完全正确。如果一个职场人从早到晚一点都不紧张，就什么大事也做不成。

职场人应该保持适度的紧张，这是一种积极的精神状态，积极的紧张有很多形式，如，必须赶在某一期限之前完成工作，认识到自己的工作将受到评定、和别人竞争的意识等。这种压力可以把一个人内在的优秀特质引发出来，迫使自己尽可能有效地运用时间。

2．自我施压

良好的自我管理要给自己施加一些工作压力。例如，当你遇到一件一直拖延不想去做的工作时，你可以公开宣布说，自己要办这件事情了，这就是给自己施加压力的一种方式。因为一旦你当众宣布之后，就会感到自己身后有很多人在监督，只有往前做下去，而不至于一直找借口将事情无限期拖延。

3．培养完成任务的能力

不找借口，完成任务，需要一定的能力，否则只能是心有余而力不足。你可以对照下图培养自己的能力。当你的客观能力、逻辑能力、知识阅历和坚定完成的执行能力具备之后，你自然不用找借口，就能轻松完成任务。

深度思考

职场中有句名言："成功一定有方法，失败一定有原因。"大多时候，任务总是完成不了，其中就一定有隐情和缘由。如果在工作中你也是一个总完不成任务的员工，那么请你认真思索自己失败的原因是什么，能否在今后的工作中克服它？

第一时间面对问题，才能快速解决问题

优秀的员工懂得第一时间面对问题，并以最快的速度解决问题。

在职场中，无论你是负责执行、完成任务的普通员工，还是负责协调与指挥的管理人员，都难免会在工作中遇到一些问题。而面对问题，并设法解决，恰恰是工作的本质内容与核心。如果你想成为一名优秀的员工，就应该做到这一点。

在推特上，有一个 ID 叫作 Memory 的小伙子，他从美国陆战队退

役后当上了一家核电厂的机械师。凭借军队中学到的技能，Memory的工作进展得很顺利，他十分开心。很快，他就被总经理看中，升到了班长。

Memory在推特上说："那个时候起，对工作上的事我开始焦虑。以前，我只是一个机械师，我的技能完全足够我在这个岗位上工作。可是升到班长之后，对我而言，却像个灾难，身上的责任压得我透不过气来。焦虑无时无刻不困扰着我，不管我是睡着了，还是醒着；也不管我是在家里，还是在厂里。

"然而就像'墨菲定律'说的那般，如果你担心某种情况发生，那么它就更有可能发生。是的，我最害怕的事情终于发生了，对核电厂来说，那是一个十分重大的事故——核电站1号工作站的引擎全部熄火。电厂的工人一时间炸开了锅。我立刻跑到经理室，告诉经理这个坏消息。我急促地说完，等着天塌下来。

"可是出乎我的意料，天没塌。经理转过身来，表情十分严肃，对我说'尽快修好它'！

"那一刻，我心中所有的忧虑、害怕、担心全部烟消云散，世界又恢复了老样子。我走了出去，抓起工具，开始修那几台牵引车。修好它，是多么神奇的三个字啊，它标志着我生命的转折点，它改变了我对工作的想法。从那天起，每天我都默默地感谢那位经理，是他让我不但对工作有热情，而且有了更坚定的信心。我知道，如果有一天什么事搞糟了，我会亲自出马，把它们理顺，而不是在那里瞎担心。"

机器坏了，就去修好它；问题出现了，就去解决它。成为优秀员工的方法没有多么神奇，其实就是这么简单。道理就是这样，如果我们在出现问题时不是第一时间勇敢地面对和接受它，而是刻意地忽视它、回避它，它不仅不会自然消失，反而会变得越来越严重，最终必然积重难返，彻底失去了被解决的可能性和最后的补救机会。

方法定制

在遇到问题的时候，我们除了要在第一时间处理问题，还需要注意什么？

1. 面对问题和困难不退缩

这是衡量一个人责任心的问题，只有把解决问题和困难当作自己一项应尽的责任，把责任强加于自己，才能为自己解决问题和困难提供动力。

2. 树立解决问题和困难的信心

光有动力还是不够的，还要有解决问题和困难的信心。如果面对问题和困难总是愁眉苦脸，忧心忡忡，成天只感到压力和负重，而没有解决问题和困难的乐观心态，那只能被问题和困难压垮身心。

3. 积极寻求解决问题和困难的方法

在有动力和信心的基础上，要积极思考，开拓创新，想方设法解决问题。

4. 果断付之于行动

一旦想好具体方法或制订出具体方案，就要付之行动，绝对不要犹豫。不付诸行动，一方面使前面所付出的努力白费了；另一方面，如果患得患失，延误时间，可能外部环境改变，机会流失，而使方法或方案无法实现。

深度思考

工作中，你是一个遇到难题会回避的员工，还是一个与难题“死磕到底”的员工？为什么？

深度实战：一个消防员的执着与负责

20世纪50年代初期，在丹麦的首都哥本哈根曾发生过这样一则真实事件。这件事是从后半夜两点多，消防队接到了一个奇怪的求救电话开始。

值班的消防员接起电话却听不到对方说话，就在消防员将要挂上电话的时候，却从电话里听到微弱的呼吸声。

这位年轻的消防员提高了自己的音量大声问道："你好，这里是消防队，请问你是否遇到了麻烦？"

过了大约半分钟，电话里才传来一个虚弱的声音："请救救我！我跌倒了，我流了很多血。"

"别慌，太太"，消防员回答，"我们马上就到，请问您住在哪里？"

另一边，太太犹豫了一下说："我不知道。"

"您在外面吗？"消防员耐心询问着。

"不，我想我是在家里。可是我不知道。噢，上帝，我的头好晕。"

"那您可以告诉我您的名字吗？"

"我记不清了，我的头撞到了桌子上面。"

如果换作一般人，或许别人会对电话里的妇人解释说："对不起，我无能为力，因为您连最基本的信息都没有告诉我。我怎么找到您？"

可是消防员却没有放弃，而是不断嘱咐着那位老妇人："请您千万千万不要把电话挂断。"

不到一分钟的时间，消防员想到了一个办法，他拿起消防队的第二部电话，拨到电话公司，回答他的是一位年老的男子。

“请您帮我找一下一个电话客户的号码，这客户现在正和消防总队通电话。”消防员急匆匆地说。

“不，我不能，我是守夜的警卫，我不懂这些事。而且今天是星期六，没有任何人在。”说着，那位警卫挂断了电话。

事情到了这里，几乎可以说没有任何有用的信息，但消防员本着工作尽职尽责的态度，再次开口询问道：“太太，请问您怎样找到消防队的电话号码的？”

“号码写在电话机上，我跌倒时把它给拖下来了。”老妇人回答说。

“那您看看电话机上是否也有您家的电话号码。”这是消防员最后的希望。

“没有，没有别的任何号码。请你们快点来啊！”女人的声音愈来愈弱。

“那么请您告诉我，您现在能看到什么东西？”

“我……我看到窗子、窗外，街上，有一盏路灯。”

对话到了这里，窗子，街道上亮着的路灯似乎是唯一有用的信息了。如果换作别人，或许别人会继续追问这个神志不清的老妇人地址以及姓名，而不会采取任何有效的行动。

但这位消防员忽然灵机一动大声问道：“那么请您告诉我，您家的窗子是正方形还是长方形？”

老妇人回答说：“长方形的。”

那么，一定是在一个旧城区，只有旧城区的楼房窗子才是长方形的。

“您现在室内的灯是亮着的吗？”消防员问。

“是的，灯亮着……”

消防员还想得到更多的信息，然而电话的另一边却忽然停止了说话。

需要赶快采取行动！但是做什么？

消防员打电话给上司，向他陈述案情。

电话线的另一端静默了片刻，而后消防员听到答复："好的，我们出发吧。我马上来。"

十分钟后，二十辆消防车飞快地向旧城区开去，到了旧城区，二十辆消防车开始分散开。

在那个没有挂断的电话中，虽然已经听不到那个妇人的声音，但是却在消防车到达旧城区之后奇迹般地听到了警笛的声响！

负责接听电话的人立即将这个消息传递给了消防队长，消防队长通过收发对讲机，下令："一号车，熄灭警笛！"而后转问接听电话的消防员。

"我还听到警笛声！"接听电话的消防员回应说。

"二号车，熄灭警笛！"

"我还听得见……"

直到第十二辆车，接听电话的消防员激动地说："我现在听不见消防警笛的声音了。"

消防队长下令："十二号车，再放警笛。"

消防员告知："我现在又听到了，但声音越来越小！"

"十二号车掉头！"队长立即下令。

不久，消防员喊道："又逐渐地近了，现在声音非常刺耳，应该刚好到了正确的路上。"

"十二号车，你们找一个有灯光的窗户！"

"有上百盏的灯在亮着，人们出现在窗口，在看发生了什么事！"十二号车上的司机回复说。

"利用扩音机！"队长下令。

十二号消防车的队员用扩音机喊道："各位女士和先生，我们正在寻找一个生命有严重危险的妇女。我们知道她在一间有灯光的房间里，请你们立即关掉你们的灯，谢谢你们的配合。"

不到一分钟，所有的窗户都变黑了，除了一个。

消防员将目标锁定在了这个房间，在尝试敲门交涉未果之后，消防队员果断地破窗而入，他们在地上发现了那个打电话求助的老妇人，陷入昏厥的她已失去知觉，但脉搏仍在跳动。消防员立刻把她送到了附近的医院救治。

几个小时后，这位老妇人从医院的病床上苏醒，在医疗室外，有几名消防队员在彻夜守护。是的，她获救了，通过一个在很多人看来无从下手的求救电话中获救了。

那名一直坚守在电话边的消防队员一时间成了丹麦的英雄。正是由于他的锲而不舍，才从死神手中将老妇人惊险救下。这名消防员在接受采访时诚恳地说道："任何工作中的突发事件，只要你想克服，就一定能找到方法。没有任何借口能阻碍你完成任务，如果有的话，那仅仅是因为你努力得不够！"

第 8 章

深度思考，
做问题的终结者

Deep Work Rules

在工作中，我们不仅要掌握深度工作的理念，同时还要养成深度思考的习惯。深度思考可以帮助我们找到问题的关键所在，得到解决问题的方案。所以，我们要通过不断练习，将自己的深度思考应用到实践当中，及时分析反馈，学习并吸取新知识，提高思考能力，将自己培养成为一名优秀的问题终结者。

深度思考：没有解决不了的工作问题

方法总比问题多。在工作中，任何问题都有解决的办法，关键在于是否进行了深入的思考。

日本著名企业家松下幸之助曾说："一个企业的核心竞争力，就是其发现和解决问题的能力，而一个员工的能力在于能否把问题化解掉。工作就是不断发现问题，分析问题，最终解决问题的一个过程——晋升之门将永远为那些随时解决问题的人敞开着。"不可否认，无论在任何企业中，领导欣赏、看重的都是那种解决问题型的员工，而不是那种总是抱怨问题无法解决的员工，因为解决问题型的员工，他们身上有着一种强大的正能量。

李心雨是一家公司的电话接待员，在她工作期间尽管一直使用公司规定的礼貌用语与客户对话，可还是遭到了投诉，投诉的理由很明确，就是她说话太过"程序化"，没有多少情感在里面。为此，部门经理还特意找她谈话。

下班后，李心雨认真思考了自己的这个问题后，随即找出纸和笔，列了一张表，把自己目前工作中有待解决的问题都写在了上面，一共有这样几个问题：

怎样才能让客户感觉到本公司的亲切和热情？

怎样才能把产品的性能与特点解释得更清楚？

怎样才能体现出本公司产品和服务的优势？

随后，李心雨一边动脑思索，一边在工作中体会。工作中的每一件小事，都与如何解决这三个问题联系了起来。

在后来的工作中，李心雨像变了一个人。在接电话时，她不再机械地背诵礼貌用语和产品介绍，而是真诚友爱地对待每个来电咨询的顾客。而且在这个过程中，她对自己的工作越来越有兴趣，堪称半个产品专家了，介绍产品时妙语连珠，还常用些比喻、幽默的方式，深入浅出地解答客户提出的问题。

很多客户成了李心雨的“回头客”。部门经理十分满意她的变化，并在不久后将她从电话接待员提拔到了公司的企划部门，让她开始参与公司的整体宣传策划工作。

可以说，工作就是不断地解决问题，企业的发展也是在不断地解决问题的过程中实现的。在我们每一次解决问题的过程中，都会不可避免地遇到很多困难，走很多弯路。这些难题，恰恰是磨炼一个人、改变一个人、提高一个人的好机会。在工作中遇到问题是正常的，而我们唯一要做的，就是通过深度思考来解决问题。

方法定制

解决问题的三个步骤：明确问题、深度思考、找到答案。

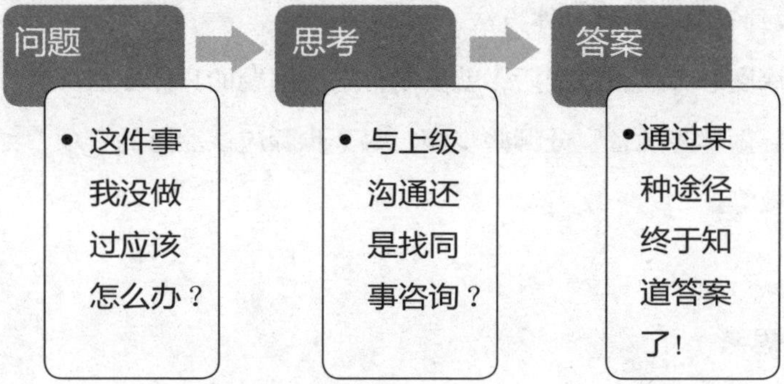

1．明确自己所遇到的是什么问题

这是在解决问题时所需要进行的第一步，也是最关键的一步，它直接关系到后面的努力是能帮助职场人达到目的，还是仅仅白费力气而已。

在工作中，每个人或多或少都会有过这样的感叹："唉，没想到这个问题这么简单，早知如此就不必这么麻烦了……"因此，为了避免"南辕北辙"的错误发生，明确问题就是我们首先应该完成的任务，也是结构化思维中有着决定性作用的步骤。在明确了问题的实质，并收集到足够的信息之前，要尽量避免过早地进入寻找方案的行动中去，以免产生不必要的精力浪费。

2．提取问题的关键数据，深度思考解决的办法

面对问题时，由于人的天性使然，我们会对事物进行主观推测，它可以帮助我们在信息不全的情况下快速决策，但它也可能会使我们在面对复杂问题时被迷惑而做出错误的判断。

这时，提取问题中的关键数据就成为我们的当务之急。在实际问题分析中，由于疏忽和对常识的忽视，往往不能完整地定义所有的关键参数，不过这可以

在之后的信息整理过程中进行补充。

完成关键参数提取之后，就可以根据所已知的客观事实对信息进行收集和整理，从而有效地分析出客观的、确定的事实，然后深入思考解决的办法。

3. 找到答案，制订具体方法

通过深度思考找到答案后，就要制订解决问题的具体方法。其中，包括解决问题需要做哪些准备、分哪些步骤，每个步骤应该注意的事项，如果出现偏差如何补救等。

深度思考

一个温暖的午后，美军退役飞行员约翰带着女儿登上自己的私人飞机。这是一架由约翰自己组装的滑翔机。飞机从密歇根湖起飞，不久之后可怕的事情发生了，约翰发现飞机在空中竟然出现了引擎熄火的状况。

约翰从来没有遇见过这种情况，但他并没有因此慌乱，经过短暂思考，他转头看向女儿，用一种平静的、让人放心的口吻说道："亲爱的，引擎不动了。看来我得换种方式开这架飞机了。"

为了重新发动引擎，这架滑翔机在空中需要具有更快的速度。于是约翰对女儿说，自己将驾驶飞机向下俯冲，在高速坠落的状态下尝试再次发动引擎。

女儿点头同意约翰的做法。于是，约翰让飞机进入了俯冲状态。随着飞机的速度逐渐加快，约翰不停地猛按开关。在距离湖面仅有一百米的时候，引擎终于发动了！

十分钟后，约翰带着女儿安全着陆。

约翰所遇到的倒霉事，要比我们工作中遇到的困难可怕上百倍！然而，这位飞行员父亲没有慌乱，而是在思考中决定对策，并通过行动来解决问题。他没有将时间花在无谓的牢骚与抱怨上，如果他对着天空大喊："上帝！我们为什么会碰到这么倒霉的事？”结局可能就会大不一样了。

在未来的工作中，你是否会像约翰一样遇到问题，快速思考从而解决问题呢？

有效思考才能更有深度地工作

有效思考，是工作中的必需品。运动员思考战术，企业家思考战略，而作者的思考叫构思。同样的，我们在工作中处理一些棘手的问题，也需要思考。

什么是有效思考？有效思考就是具有条理性和深入性的思考。条理性保证我们不做重复思考，深入性是要求我们不受无意识的思维片段的干扰。有效思考的效率最高，也最有利于深度工作。

马云曾说：“在错误的方向上，即使奔跑，也没有用。想要成功，需要正确的大方向、正确的方法以及深度的独立思考。做正确的事，正确地做事。”在这里，马云所强调的“深度的独立思考”就是非常典型的有效思考。

在很多职场人眼里，马云仿佛是个来自火星的异类，而马云也很配合这个角色。马云有一个绝活——单手倒立。他能够一只手撑着，倒立数分钟而面不改色。他不仅自己练倒立，还要求全体阿里干部员工练倒立。他说：“当你倒立时，世界会变得不一样。倒立看世界，一切皆有可能。”

马云小时候的偶像是日本电视连续剧《排球女将》中的主角小鹿纯子。而纯子最吸引他的就是遇到困难时就会倒立思考，于是马云认为这个倒立一定是一个化险为夷、转危为安的“法宝”。所以马云把倒立练得炉火纯青，甚至学会单手倒立的绝技。在马云看来，倒立思考就是非常有效的思考。

20 世纪 90 年代末期，马云创立了阿里巴巴。在 2003 年面临“非典”的困难时期，根基不稳的阿里巴巴又是如何走出困境的呢？

这源于马云的倒立思考。一次，马云在画展中看到一幅画，上面画了许多鱼，但除了一条之外都往一个方向游，只有这条鱼是往相反的方向游，这幅画的题目叫《换个方向，你就是第一》。于是马云悟到：“淘宝网换一个方向，也许我就是最先到达终点线的人”。

马云的倒立，用经济学家熊彼特的话说就是“创新”，用管理学大师汤姆·彼得斯的话说就是“颠覆”，而用联想联合创始人柳传志的话说就是“重新写一份菜谱”。“倒立”着的马云在思考中，得到一个完全不同的视野，并且神奇地走向了成功。

的确，“倒立”思维让马云在与竞争对手打拼时，可以充分认识自己与对方的优劣，做到“以己之长，攻其之短”。有效思考的结果，就是马云在工作中从不按套路出牌，在迷惑竞争对手的同时暗地里超越对手。

方法定制

怎样做，才能运用有效思考为自己扫清工作障碍？

1. 养成思考习惯

每天放空自己，安排 15 分钟成为自己真正的思考时间。除了时间，地点有时也是思考的必要条件。有些人在思考时需要一定的仪式感，或者必须将自己放到一个特定的环境中才能专注的思考。职场人在工作中要进行不断的、深入的思考，如果经过长时间的思考却没有任何灵感，我们不妨暂时停止思考，隔天再想，但不要放弃思考。当我们将深度思考培养成为自己的工作习惯后，就可以让自己在工作中事半功倍。

2．思考冗余的处理

很多时候，我们脑海中储备的庞大知识库会变成我们思考工作方法和步骤的阻力，这些数不清的细枝末节加大了我们思考的难度。此时，我们一定要拨开迷雾，舍弃冗余，明确自己要思考的内容和为什么要思考，而不是被多余的信息干扰。

3．思考事物的发展趋势

在工作中，如果我们想要了解一个事物，往往是要知道它的前世今生，了解事物的历史、今日，以及预测可能的未来。在思考事物趋势时，有一种摸不到的东西叫作拐点，就是突然开始加速发生剧烈变化的那一点。职场人预测稳定的趋势相对容易，但是要准确预测这个拐点是非常困难的。

其实，很多深度思考，都是为了能预测未来的趋势以及这个拐点，然后抓住机遇，提升自己。

深度思考

有一位年轻的伐木工，工作时非常卖力，第一天砍了 30 棵树，是整个班组里伐木效率最高的人，他也由于出色的表现受到了班长的表扬。到了第二天，这伐木工更加勤奋，可只砍伐了 25 棵树，第三天尽管更加努力，却只砍了 16 棵。

他很懊恼，去问班长缘由。

班长反问道：“你磨斧子了吗？”

年轻的伐木工困惑地说：“没有啊，磨斧子多耽误时间啊。”

班长笑了笑说：“磨斧子不会耽误你砍树的，相反只有斧子磨快了，树才能砍得更容易，更快。”

在执行任务的时候，员工的深度思考等同于磨斧子。没有发自内心的思考，就不会有真正的工作效率。日常工作中，你会经常打磨心中的那把斧子吗？

拆掉“思维的墙”，打破“经验”的桎梏

当一个老员工自以为有丰富的经验时，这个经验往往会成为他的天花板。

工作中，相信很多年轻人经常会听到前辈的“经验之谈”，他们会说，“我吃的饭比你吃的盐多，我走过的路比你走过的桥多”，言下之意，丰富的经验，可以帮助他们“乘风破浪”，顺利到达成功的彼岸，这种经验已经成了身经百战的职场前辈的一种思维模式。

可事实上，这种“经验至上”的思维模式在工作中却是一把双刃剑，丰富的经验虽然可以帮助我们处理好一些工作中所面临的困境，但是，有时也有可能是我们前进路上的绊脚石，就像束缚蚕蛹的茧一样，会束缚我们的思维，使我们裹足不前，有害无益。

20世纪90年代，海尔集团遇到了一个发展的瓶颈期。于是海尔首席执行官张瑞敏派遣魏小娥前往日本，让她学习世界先进的整体卫生间生产技术。在学习期间，魏小娥注意到，在日本流水线上生产出来的废品率约为2%。

带着这个疑问魏小娥找到日本的技术人员问道："为什么不把合格率提高到 100%？"日本人先是愣了一下，随即不屑地反问道："100%？你觉得可能吗？"

从对话中，魏小娥发现一个问题，"达不到 100% 和日本人的能力无关，他们的能力完全可以达到这点，但由于他们思想上的桎梏，使他们觉得 98% 的标准是理所当然的事情。"

作为一名优秀的海尔员工，魏小娥给自己定的标准从来都是 100%，要么不干，要干就要争第一。于是，在日本学习期间，她拼命地利用每一分每一秒的时间来充实自己。

一个月后，她带着先进的技术知识和赶超日本技术人员的信念回国了。几个月后，日本模具专家宫川先生来华访问并见到了魏小娥。此时魏小娥已经是海尔卫浴分厂的厂长。面对操作熟练的员工、一尘不染的生产现场和 100% 合格的产品，宫川先生惊呆了。他找到魏小娥虚心地请教："有几个问题曾经使我绞尽脑汁地想办法解决，但最终没有成功。100% 的合格率是我们想都不敢想的，对我们来说，2% 的废品率、5% 的不良品率天经地义，你们是怎样提高产品合格率的呢？"

魏小娥想了想，简单地回答道："用心。"

原来，从日本学习归国之后，魏小娥便开始重点抓海尔卫浴分厂的模具质量工作。在实践中，她将 2% 放大成 100% 去认识。最终，2% 的责任得到了 100% 的落实，100% 这个被日本技术人员认为是"不可能"的产品合格率，魏小娥做到了。

工作当中的大道理谁都知道，"误差是不可避免的，只有尽可能减少工作的误差"，这是常年工作在车间流水线的技术人员最基本的"常识"，因此，日本工人没有尝试做到100%的合格率。可以说，多年的经验使他们脑海中产生的根深蒂固的思维害了他们自己。很多时候，职场人应该敢于尝试突破常规的“经验”，扩展思维，进而突破自己，只有这样，你才能从困境中走出来！

其实，在我们工作或者生活所犯下的错误中，也有许多是在这种“经验性”心理作用下发生的。例如，17世纪之前，人们一直认为“天鹅都是白色的，代表着纯洁和高雅”，然而随着欧洲探险家在澳大利亚发现了黑天鹅，这个“真理”认识崩溃了。这表明人类的认识具有反复性。在工作中同样如此，所谓的“经验”并不是静止的，而是动态的、千变万化的，过于相信“经验”，囿于经验，在新情况面前往往就会犯错误、吃大亏。

方法定制

那么，如何才能拆掉思维的墙，冲破“经验”的桎梏呢？我们可以参考下图来做。

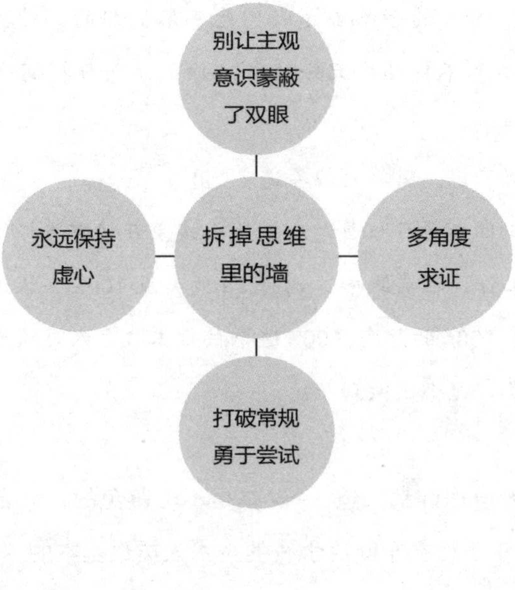

1．勇于承认自己的不客观

工作中，我们想解决的问题必然是我们所关注的问题，可往往我们越是关注某个问题就越是很难做到客观。因此，当一个问题一直解决不了的时候可以想想自己是否就是问题的一部分。

2．保持空杯心态

无论自己在工作中的某个方面有多厉害，都要一直清空自己的状态。在遇到自己无法解决的难题时，应多听他人的意见，然后加以分析，最后确定方法的可行性。保持空杯心态，可以让我们学到很多东西。

3．分拆与求证

当我们面对问题的时候，尽可能多地拆成不同的角度去求证，即便某些角度看起来很荒谬，也要这么做。哪怕某个做法我们不认可，也可以先假设它成立，然后再验证这个做法到底行不行。如果行得通，我们就可以再多做一些尝试，保持开放的心态。

4．打破常规

工作中，不是所有的经验都具有可行性，因此我们必须适当地打破惯有的解决路径，找到新方法，创造新的良性循环。

当然，在现实工作中，经验在很多情况下是非常有用的，甚至可以说，有些事情没有经验是不可能做好的。然而，如果我们完全躺在经验上想问题，此时的经验就会成为一种包袱，一种导致失败的因素。

深度思考

几个世纪前，一艘远洋海轮不幸触礁，九名船员死死地抱住旗杆才得以幸存。两天后，他们被海水冲到了一座孤岛上，孤岛很小，什么都没有。在烈日的曝晒下，每个人口渴得冒烟。

尽管四周都是海水，可船员们都知道，海水又苦又涩，根本不能解渴。渐渐地，船员们由于脱水一个接着一个地倒下了。

当最后一位船员快要虚脱的时候，他实在忍受不住了，扑进海水里，“咕嘟咕嘟”地喝了一肚子。船员喝完海水，一点儿没觉出海水的苦涩味，相反觉得这海水无比甘甜。他想也许这是自己渴死前的幻觉吧，便静静地躺在岛上，等着死神的降临。

船员睡了一觉，醒来后发现自己还活着，于是他每天靠喝这岛边的海水度日，终于等来了救援的船只。后来，救援的人发现，由于这座孤岛的四周有地下泉水不断地翻涌，所以周围的海水实际上全是可以饮用的淡水。

在工作中，你会像这名获救的船员那样，打破经验的桎梏，获得新生吗？

8 小时工作，24 小时思考

很多时候，一分钟的思考抵得过一小时的蛮干。

工作中，一些企业管理者评价一名员工在公司中扮演的角色是否重要，主要看这名员工平时在公司内主要负责的是“事务型”的工作还是“思考型”的工作。通常来说，整天上班时埋头于事务的员工，肯定是一家公司里低层次的员工，他们每天的任务就是做好上级分配给他的方向甚至方法都已经明确了的工作。或许他们表现得工作熟练、态度认真，但管理者也只将这种员工当成公司的“人手”，而并非当成引领团队和开创工作新局面的“人才”。

很多时候，要完成那些重要的、高难度的工作，更需要善于思考的大脑，而不是勤劳的双手。这些管理者眼中的“人才”有一个共同的特点，他们都是“思考型”的员工，虽然工作时间只有8小时，但他们的思考时间却远远超过8小时，他们无时无刻不在思考如何才能把工作做到高效和完美。

在美国的一家快餐店里发生过这样一个故事，有两个年轻人几乎是同时进入这家快餐店上班。几个月后，其中一个叫杰克的人被老板提升为主管，而另外一人依然是普通的快餐店服务员。

对此，这名一直得不到晋升的员工十分不满，认为上级看不到自己工作中的努力。于是他在老板月末来店检查时，找机会向其抱怨说：“老板，我和杰克是同时来到快餐店上班的，现在杰克升职了。而我每天勤勤恳恳地工作，从来没有迟到早退过，对上级交代的任务总是按时按量地完成，从来没有拖沓过，为什么我没有升职呢？”

听了他的话，老板想了想，然后对他说：“这样吧，公司炸薯条的土豆快没了，现在打算预订一批土豆，你先去看一下哪里有卖的，回来我再回答你的问题。”

于是，这名员工离开了办公室，去了附近的农贸交易中心。20分钟后，这名员工急匆匆地回到办公室，向老板汇报说：“老板，咱们这附近的‘农贸交易中心’就有卖土豆的”。

老板听后问道：“一共几家卖的？”这位员工挠了挠头说：“我刚才只是看到有卖的，没看到有几家，您稍等一会儿，我再去看一下！”

说完，又急匆匆地跑了出去，15分钟后，这位员工喘着粗气再次回到快餐店跟老板汇报说：“报告老板！总共有四家卖土豆的。”

老板又问他：“土豆的价格是多少？四家的价格都一样吗？”听了老板的话，这位员工愣了一下，随后说：“老板，您再等一会儿，我再去问一下。”

说完，他就要往外跑。这时，老板叫住他：“你先在这里休息一下吧。”说完这句话，老板叫来杰克，然后对杰克说：“公司打算购买一批土豆，你去看一下哪里有卖的。”

不一会儿，杰克就回来了，向老板汇报：“这附近的‘农贸交易中心’有四家卖土豆的，其中一家的价格是1美元一斤，两家是0.9美元一斤，最后一家的价格是0.85美元一斤。”

杰克停了停接着说：“我看了一下他们的土豆，0.85美元一斤的土豆很大，很适合我们做薯条，而且我问了那家的店主，他说如果需求量大的话，价格还可以更优惠些，并且他们家有货车，可以免费送货上门。”

这时，老板看着沙发上那个目瞪口呆的员工问道：“你都看到了吧，如果你是老板，你会给谁升职呢？”

这名员工非常惭愧，在以后的工作中再也不抱怨了。

由此可见，优秀的员工必然是勤于思考的员工。他们遇到问题，总能够做到多看、多观察、多动脑筋，积极思考，从而把工作做得更高效，更完美。思考一个问题，让它在脑子里“浸泡”一会儿，人人都是24小时，但你的思考时间却比别人长。也许有一天，你会获得思想的“圣杯”。

方法定制

如何才能真正做到8小时工作，24小时思考，成为一个善于思考的优秀员工呢？我们可以参考下图。

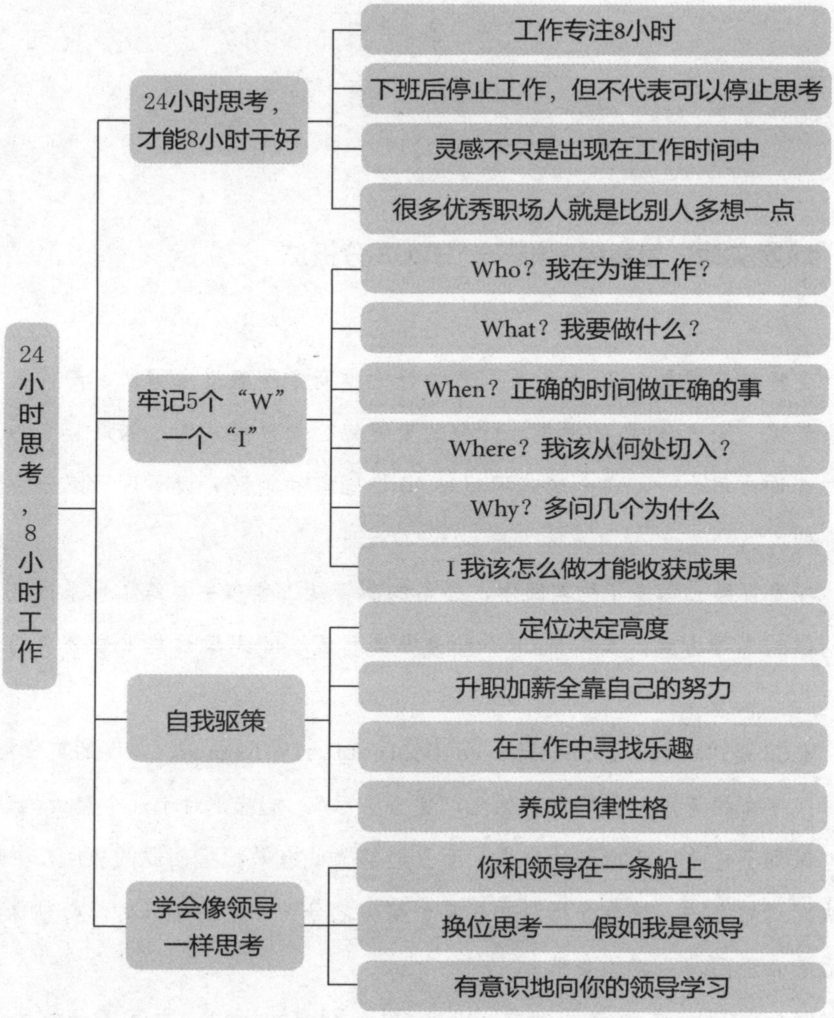

深度思考

海明威曾说：“任何初稿都丑陋不堪”。所以，在工作中，我们要开动脑筋，多思多想，努力把“丑陋的初稿”（问题）修改成“完美的终稿”（解决问题）。

在日常工作中，你是一个肯花时间用于思考的员工吗？

深度实战：麦肯锡思维——MECE分析法

麦肯锡公司是1928年由美国芝加哥大学商学院教授詹姆斯·麦肯锡在美国所创建，经过90年的发展，如今的麦肯锡公司已经成为全球最著名的十大管理咨询公司之一，在全球范围超过40个国家和地区开设了近百家分公司或办事处。

在麦肯锡公司多年的实践中，公司的高管从工作当中总结了一系列众多解决问题的思考方式，其中MECE分析法是麦肯锡公司思维过程中最著名的思考方式。

MECE是“Mutually Exclusive Collectively Exhaustive”的英文缩写，翻译成中文的意思是指“相互独立，完全穷尽”。也就是对于一个重大的议题，能够做到不重叠、不遗漏的分类，而且能够借此有效把握问题的核心，并提出解决问题的方法。这个分析法在将某个整体划分为不同的部分时，必须保证划分后的各部门符合以下要求：

（1）各部分之间相互独立（Mutually Exclusive），所有部分完全穷尽（Collectively Exhaustive）。

（2）“相互独立”意味着问题的细分是在同一维度上并有明确区分、不可重叠的，“完全穷尽”则意味着全面、周密。

这个方案的重点在于帮助分析人员找到所有影响预期效益或目标的关键因素，并找到所有可能的解决方法，而且它会有助于管理者对问题或解决方案进行排序、分析，并从中找到令人满意的解决方案。通常的做法有两种：

（1）在确立问题的时候，通过使用类似鱼刺图的方法，在确立主要问题的基础上，再逐个往下层层分解，直至所有的疑问都找到。通过问题的层层分解，可以分析出关键问题和初步解决问题的思路。

（2）结合头脑风暴法找到主要问题，然后在不考虑现有资源限制的基础上，考虑解决该问题的所有可能的方法。在这个过程中，要特别注意多种方法的结合有可能是个新的解决方法，然后再往下分析每种解决方法所需要的各种资源，并通过分析比较，从上述多种方案中找到目前状况下最现实、最令人满意的答案。

分析问题的标准程序可以归纳为下图。

例如：职场拖延症可以通过 MECE 分析法做如下分析。

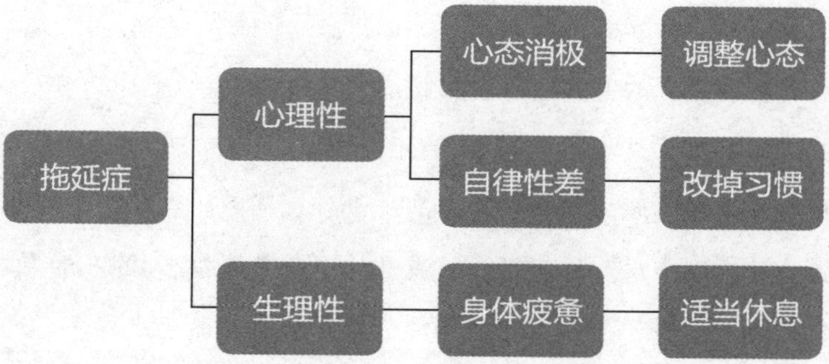

MECE 分析法主要有两个步骤。

步骤一：确认问题是什么。

步骤二：寻找 MECE 的切入点。

MECE 分析法，是把一个工作项目分解为若干个更细的工作任务的方法。它主要有两条原则：

第一条是完整性，指的是分解工作的过程中不要漏掉某项，要保证完整性。

第二条是独立性，强调了每项工作之间要独立，每项工作之间不要有交叉重叠。

MECE 的主要内容如下：MECE 用最简洁的条理化和最大的完善度理清了你的思路。MECE 从你的解决方案的最高层次开始——列出你所必须解决的问题的各项组成内容。

当你觉得这些内容已经确定以后，仔细琢磨它们。是不是每一项内容都是独立的、可以清楚区分的事情？如果是，那么你的内容清单就是“相互独立的”。

是不是这个问题的每一个方面都出自所列内容的一项（而且是唯一的一项），也就是说，你是不是把一切都想到了？如果是，那么你所列的内容就是“完全穷尽的”。

假定你的团队正在销售某种商品，你面对的问题是“我们需要销出更多的商品”。你的团队也许会提出如下一些方法来增加商品的销售：

改变把商品卖给零售商的方式；

改善针对消费者的商品的市场营销方式；

减少商品的单位成本。

即便这个清单看起来相当普通，那也没什么问题。在接下来的部分，我们将深入讨论转向细节层次的问题，关键是这个清单要符合 MECE 的要求。

假定你加入了另外一项内容，比如：重新调整商品生产程序。这个问题与你已经提出的三个问题如何相互独立呢？这当然是一个重要的问题，但它并非是与其他问题相互独立的第四点。它处于“减少商品单位成本”之下，与“调整销售费用”“改善存货管理”这一类的问题是并列的。为什么？因为所有这些都是减少商品单位成本的方法。把它们中间的任何一项（或者是全部）与清单上其他三项列在一起就会造成重叠，重叠则意味着思路含混不清，从而给人造成困惑。

一旦你做到了清单上的所有内容都是独立的、清楚的（即“相互独立”），你还必须进行审视，以保证它同时还囊括了与这一问题有关的所有问题或事项（即“完全穷尽”），并最终找出相应的办法解决它。

第9章

别独自工作，
协作提升工作深度

Deep Work Rules

团队协作能提高工作效率和工作深度。所以，对于团队的成员来说，不仅要有个人能力，更需要有在不同的位置上各尽所能、与其他成员协调合作的能力。恰当展开团队协作，不仅有助于提升职业生活中的质量，更能使我们在激烈的竞争中一往无前，拥有巨大的竞争优势。

注重团队协作，单枪匹马终将头破血流

在团队中，只有多为别人着想，才会走得更远。

作为现代企业的员工，相信绝大多数人都知道“团队协作”这个概念，很多企业管理者将“团队协作”视为团队中最重要的精神。在团队中，每个成员各自忙着手中的事情，遇到解决不了的难题时所有人聚在一起进行头脑风暴，充分讨论，取长补短，并在最短的时间内解决问题，完成任务，这就是一个优秀团队在平时工作中的真实写照。

想要让一个临时组成的团队走向正轨，每名成员都必须拥有精诚协作的精神，才能将自己的团队打造成一个铜墙铁壁的堡垒。而不是像美国那些单枪匹马的西部牛仔们那样，我行我素，在残酷的现实中撞得头破血流，最终血染荒野。

现年 26 岁的李凯，在校期间表现优秀，曾多次获得院级奖学金。按理说，这样的人才在哪都能找到一份待遇丰厚的职位，可毕业后的

李凯却在短短的三年时间里换过五家公司，每次李凯的工作时间都不长，最长的也只有10个月。

这让李凯感到非常郁闷，论学历，他是一类院校本科毕业生；论业务能力，他更是工作中的佼佼者，无论从事什么职位，他的学习速度都超于常人。

可工作能力出色的李凯却有一个致命的缺点，那就是在工作中一直无法处理好团队关系，经常因为一些小事引起矛盾，甚至有些时候恶语伤人，大打出手。其原因就在于李凯认为自己工作能力较强，包括团队主管在内的同事都不如自己，李凯认为他们总是在拖自己的后腿。

没有团队协作意识的李凯总是被上级评定为“团队的不安因素”，由于李凯在工作中频繁阻碍团队整体的工作效率，因此他被公司一次次辞退。

俗话说：“众人拾柴火焰高。”在我们的实际工作中也是如此。身在团队，我们就应该互相团结、积极向前发展，这对李凯来讲也是一样。即便李凯工作能力再强，可无法融入团队当中，不能积极配合团队和公司的发展，最终只会被无情淘汰。

一位成名多年的企业家在座谈会上分享自己的管理经验时曾这样说：“在目前，单靠个人的能力已经做不了什么大事了，未来是资源整合的年代，是团队合作的年代，任何人要实现自己的梦想都不是靠个人能完成的。中国的企业，特别是中小企业，已由过去的创业时代变成整合时代。创造资源很难，整合资源很容易；创造资源很慢，整合资源很快。因此，资源整合和团队合作是企业和个人发展的一条捷径，是现代企业经营中的原子弹。”

当今职场，许多精英早已从“单兵作战”转向“团队协战”。这是优秀职场人在工作过程中所体现出的卓越技能之一，就是通过创造性地整合和合理运用团队资源，为自己的团队在竞争中创造优势。

如果细心观察，我们可以发现，很多企业重点培养的优秀职场人其实都是团队协作高手。他们会认真思考团队的优劣势，团队中每个人的长处和特点，然后通过加入一些新元素，与已有的团队重新组合，形成在资源利用方面的创新行为，进而达到意想不到的效果。

俗话说得好："三个臭皮匠，赛过诸葛亮。"在激烈的竞争中，团队的力量无疑比某个人在职场上迸发的力量要强大得多，团队的智慧和创造力更是个人无法比拟的。团队协作可以提高员工整体工作效率。因为和谐的团队精神能够产生一种舒适轻松的工作环境，良好的工作氛围使得每个人的工作都能够保持一定的热情。当公司各部门、整体成员形成一个团队的时候，团队成员就会自发地产生共同奉献的精神，对于共同遇到的问题往往产生强烈的共鸣，并且有一起克服的雄心。

作为一名职场人，我们要紧跟企业变革的步伐，在众多企业强调团队作战的时代，我们也要在工作中转变心态和观点，将自己的能力更多地投入团队的建设和发展中去，而并非时时刻刻发挥个人的优秀才能，脱离团队，更不能因为团队中某个人的能力相对较弱而恶语嘲讽。要知道彼此之间的优势互补、齐心协作才是团队合适成功的真谛。

现实中，一些刚参加工作且具有较高学历的职场人，他们由于没有多少工作经验又或者过分看重自己的学历和能力，通常会忽略团队协作对实现结果的重要性，仅凭自己的力量在实现结果的路上单打独斗，最后发现劳而少功，甚至劳而无功。

因此，在工作中注意合作，懂得借用团队的力量，不仅是可取的，而且是必需的。尤其是今天的工作环境中，分工越来越细微，每个人都不可能掌握更多的工作技能。故而在工作期间，职场人要有意识地培养全局观念。比如：要建设一个优秀班组，就不能只考虑自己的需要而不关注别人的感受；要建设一个优秀部门，个人就不能借口自己有这样那样的事情而不参与集体组织的活动，否则将会像一盘散沙，优秀集体难以形成，自己也很难从中受益。

方法定制

身处团队中，我们要如何得到同事的信任？

1．做好自己的事情

在团队合作中，职场人最需要的是首先将自己的事情做好。通常来说，团队的任务都是有分工的，分配给自己的任务就要按时做好。只有这样，才能不给别人带来麻烦；也只有在这个前提下，才能去帮助其他成员。

2．给予同伴绝对的信任

身在一个团队当中，就要给予自己的伙伴高度的信任，相信他们能够在工作中跟自己协调一致，相信他们会理解你，支持你。一个团队只有在信任的氛围中才可能有高效的工作。如果大家相互猜忌、互不信任，那么就不可能分工，因为总有一些任务依赖于别的任务；同时猜忌会让每一个人都不能全身心地投入工作中去，也不利于成员之间工作能力的发挥。

3．站在他人角度考虑问题

在工作中，不要事事都从自己的角度考虑。如果有任何问题或者遇到什么问题，先从别人的角度想一想，看看怎样能让他人更加方便。这样的人在团队当中会很受欢迎，同时也更有亲和力，而亲和力对于团队合作来说很重要。

4．愿意多付出

在力所能及的范围内，多付出并不是什么坏事。多做一些，可以让团队的工作进展更快，你也会得到更多的好评，能力上也有提高，何乐而不为呢？当然也不是付出得越多越好，如果所有的事都让你自己做了，其他的人一定会有意见的。

在工作中，每一个员工都应该认识到个人的能力是有限的，单靠自己的努力获取的结果也是非常有限的。因此要想取得一个好的结果，总是离不开一个团队相互的协作。唯有善于合作，才能实现共赢。

深度思考

瑞典沃尔沃总部有两千多个停车位，早到的员工总是把车停在远离办公楼的地方，天天如此。有人看到这个现象觉得十分好奇，于是随便找了一名员工问道：“你们的泊位是固定的吗？”沃尔沃员工回答说：“不是固定的，而是我到的比较早，有时间多走点路。晚到的同事或许会迟到，需要把车停在离办公楼近的地方。”

请结合沃尔沃员工的行为，围绕团队协作精神谈谈你的看法。

真诚互助，你和企业才能获得双赢

优秀的职场人就应该与企业携手共进，合作共赢。

在现代职场中，绝大多数的企业和员工都处于一个利益共同体以及风险共同体。从情感的角度讲，员工和企业之间存在着密切的友谊和亲情，员工想要完成个人成长的目标，就必须与企业发展互为依托；而从商业的角度，企业和员工之间存在着互利共赢的关系，企业想要快速发展，也需要靠员工的不懈奋斗来实现。

2014年，国内各大媒体相继报道了河北石家庄一家情况极为“特殊”的国企，顿时引发无数网友的关注。这家1994年成立的排水公司由最初的9个人自筹资金组建，发展成了现如今拥有员工500多人，固定资产超过5亿元的现代化水务企业。在全国大多数供水企业连年亏损的情况下，这家企业却连年盈利，连续十年给员工加薪。最难得的是，在企业面临一次次困难的时候，从没想过把任何一名员工推向社会，而是与员工一起携手互助、共渡难关。企业的这种做法受到了当地很多市民的支持和赞扬，人们也亲切地将它誉为“最美国企”。

1996年，年过40的陈佳慧通过面试进入了这家排水公司上班，对于一个没有接受过高等教育的家庭妇女来说，能够找到这样一份稳定的工作绝对是她梦寐以求的。陈佳慧每天辛勤工作，为的就是对得起自己拿到手的这份工资。

然而好景不长，没过两年企业受到了“下岗潮”的冲击，当时企业里的员工人心惶惶，纷纷担心自己被公司辞退。排水公司并没有这样做，高层管理者通过一系列的会议最终给出了一个让企业和员工都能够接受的方法，公司新建纯净水厂，让目前多余的员工转岗去春雨水厂工作，推销瓶装矿泉水。陈佳慧也是这批转岗人员中的一员，每个月能拿300元的底薪，其余的就凭个人每月能推销多少瓶矿泉水的本事了。

在推销矿泉水的时候，陈佳慧认识了一位下岗的女工，当那位女工在交流中得知，陈佳慧是转岗人员，但人事关系仍放在公司而没有“流放”到人才市场时，很是羡慕。

陈佳慧笑着说：“人事关系放在单位，就觉得有底气，心里有依靠，自己还是有组织的人，企业没有丢下我们不管。”

企业最艰难的时候，连续三个月没能给员工开出一分钱的工资，除了少数几名员工抱怨几句之外，包括陈佳慧在内的多数员工依然每天踏破鞋、磨破嘴地干着推销的工作，这些员工心中只有一个想法，自己能多卖出去一瓶水，或许就能让企业离岸边更进一步，庆幸的是，他们做到了。

过了两年，排水公司的效益逐渐好转，在公司不断扩招人员的同时，也对陈佳慧那批早期转岗的员工在待遇上进行了很大的提升。虽然陈佳慧等人依旧每天干着推销的活儿，可是工资已经不比在排水公司内部上班的员工低多少了，并且多年来公司也为这些员工一直缴纳三险一金。

曾任美国通用电气公司总裁的杰克·韦尔奇说："没有公司的赢，就没有员工自我价值的实现；没有员工的赢，也就没有企业的和谐发展。员工成长是公司发展的动力，公司发展是员工成长的根基，只有共同发展和成长才能实现共赢。"共赢是个人成长、企业发展以及文明进步的伟大思维，它不是简单的1+1=2，而是个人的成长与企业的发展建立在合作共赢基础上的一个共同体。

然而，在工作中，一些员工总是自私地认为自己只是一个打工者，自己与企业之间只是一种简单的雇佣关系。在这些人看来，无论企业发展壮大或者濒临倒闭，都与自己没有任何关系——公司倒闭了，换一家就是。这是他们心中最真实的想法。

抱着这种心态的人从来没有认识到企业与自己的命运有着千丝万缕的联系，他们不知道企业的成功与发展不仅有利于领导，也有利于自己；他们不知道，只有自己所在的企业不断地发展壮大，企业里的员工才会得到更长远的发展。因此，要想成为一名优秀的职场人，我们必须树立与企业共赢的思想和观念，为企业，同时也是为自己的未来而努力工作。

方法定制

作为职场人，我们要怎样与企业达成共赢？

1. 紧紧抓住释放个人潜能的钥匙

作为与企业同舟共济的职场人，我们要时刻保持良好的心态，以积极的心态面对工作中的种种困难，最大限度释放个人潜能。同时，还要从心底热爱自己所从事的工作。如果你厌烦它，它会成为一种负担，你就会在工作中不自觉地流露出乏味、厌烦、抵触等情绪，绝不会有优秀的表现。

2. 建立职业自觉性

职业自觉性是一个成长中的职场人所应有的潜质。培养对企业和工作的责任感，自动自发地执行和完成所有的任务，是其职业尊严的体现。如果不能自发地完成工作，久而久之，无论上级领导还是身边同事都会因此低估你的能力，企业不再把重任交付给你，这时，职场人最宝贵的资产——自信与信任都已丧失殆尽。

3. 要适应不断的变化和挑战

一个企业总是在内在或外在因素的作用下不断地变化和发展的。认识到变化的存在，可以帮助我们积极主动地去应对一切外来的挑战，在挑战中磨炼自己的意志，养成沉着冷静的工作品德。

深度思考

在自然界里，鳄鱼是一种冷血卵生的爬行动物，一只擅长潜伏在河岸边攻击对手的鳄鱼，就连豹子也会对它畏惧三分。通常，一只成年鳄鱼会长到 1 吨左右，远超多种食肉系爬行动物。可就是这样一个攻击性极强的凶猛物种，却能和一种小鸟——牙签鸟和平共处。

牙签鸟，本名燕千鸟，因为这种鸟类同鳄鱼的亲密关系，又被称为鳄鱼鸟。

众所周知，鳄鱼是一种凶恶残忍的动物，可它为什么能与牙签鸟平安相处呢？

有动物学家解释说，牙签鸟是鳄鱼的“牙医”，鳄鱼会在饱餐之后让牙签鸟飞到自己的口腔当中，为自己“剔牙缝”，这不仅让鳄鱼感到舒服，还会帮助鳄鱼剔除腐肉，保护鳄鱼的牙齿。同时，饱餐的牙签鸟作为回报，它会在工作的时候帮助鳄鱼仔细观察周边的一举一动，一旦有危险靠近时，它会立即向鳄鱼发出警报，鳄鱼就会从慵懒的状态中恢复过来，及时采取防范措施。天长日久，这一对体型相差巨大的生物便建立了深厚的感情，再也离不开彼此。

结合这个故事，谈一谈你对员工与企业关系的认识。如果你的利益与所在公司的利益发生冲突，你会怎么做？

不做团队的“短板”

职场精英，其实就是一个坚持参加系统学习，找到自身短板并补全短板的员工。

在现代管理学中，有一个“木桶理论”，它所讲的是一个木桶能盛下多少水，并不是由组成木桶最长的一块木板决定，而是由组成木桶最短的那块木板来决定的。同理，在团队当中，每个成员都是组成团队不可或缺的木板，而团队的成功与否、效率高低往往也不只是取决于几个人的突出贡献，更取决于它的整体状况，取决于这个团队是否存在某些突出的薄弱环节。

某机械器材厂的销售经理张浪最近总是心神不宁，他原本将完成一整年的销售计划的希望全部寄托在了第四季度，谁知第四季度快要结束了，公司初步统计盈利情况时，张浪竟发现自己所带的团队业绩在公司的销售排名中被挤出了前五名。

张浪耳边不时回响起领导之前说过的话："受公司股东要求提高销售业绩的巨大压力，公司决定在明年初，削减业绩不好的团队的经费和薪资。"

张浪叹了一口气，心想："自己花了六年时间打造的团队会不会因这次的失利而顿时瓦解呢？"坐在办公室里的张浪将目光移向个人销售详情上，不出所料，果然又是李雪梅拖了整个团队的后腿。李雪梅在这个公司工作已经15年了，曾经取得过重大成就，同时也是张浪的老前辈。可近三四年，她的销售业绩不断下滑，很多时候甚至连定额都无法完成。

与接受过高等教育的新员工不同，李雪梅不熟悉新的产品与新的网络销售等方式。可以毫不留情地说，她的销售技巧已经完全Out了。并且，现在的李雪梅也不再主动去开发新的客户资源，而新产品也几乎不适合以前的老客户了。

张浪知道，现在想拯救全队只能牺牲李雪梅，可是回想起自己刚进公司时，李雪梅这个老前辈对他的关心、照顾，以及传授了他许多的销售经验时，张浪又觉得自己如果将李雪梅撵走心中会感到愧疚。

中国有句老话：金无足赤，人无完人。这句话应用于团队也是一样的，世界上没有任何一支精英团队能够做到绝对意义上的完美。即使是2017年首次进入世界100强的华为集团也无法抵消华为内部管理的一些缺陷和短板，对此，华为的创始人任正非曾放言道："不能靠没完没了的加班，所以一定要改进我们的管理。在管理改进中，一定要强调改进工作木板最短的那一块。各部门、各科室、各流程的主要领导要主抓薄弱环节。坚持均衡发展，不断地强化以流程型和时效型为主导的管理体系的建设，在符合公司整体核心竞争力提升的条件下，不断优化工作方式，提高贡献率。”

方法定制

如果不幸成了团队中的短板，那么我们要怎样摆脱这顶沉重的“帽子”呢？

1．在深入思考中分析自己的能力“短板”

无论工作有多忙，职场人都应该每天在临睡前抽出几分钟时间进行深度思考。无论处于什么岗位，员工的工作能力都不是单一素质的表现，而是多种素质的综合展现。通过深入思考，职场人可以在复杂的综合素质中提炼出总揽全局、深谋远虑的洞察力和不拘一格的突破性做事方式，这将在弥补“短板”过程中少走弯路。

2．在精心谋划中测量自己的工作能力“短板”

在团队接受任务后，不论事情难易程度如何，团队成员在做之前一定要有一个属于自己的清晰计划。能否制订切合实际的计划方案是工作能力强弱的一个重要标尺。工作中出问题，就是没有用这把尺子测量好自己的“短板”，没有充分重视制订和遵守计划这一环节，以至工作缺乏计划性、连续性，推进缓慢。

3．在不断的工作实践中修复自己的“短板”

想要提升自己欠缺的能力，就不能总是停留在一种舒适的工作和生活状态。职场并不是一种可供人们享乐的游乐场，身在职场中的每一名员工都要认真对待。舒适状态只是这个过程中的中场休息。在工作实践中不断坚持向前，克服困难、解决矛盾，工作能力的“短板”就会不断得到修复；用积极的心态树立克难制胜的信心和勇气，掌握破解难题的方法和技巧，驾驭复杂局面的能力就会增强。

4．在开拓创新中延长自己工作能力的“短板”

在工作中，创新是解决问题的不二法门。很多团队精英在工作中所表现出的一些亮点，大多都是靠创新得来的。创新可以提高一个人的执行力，创造性地落实上级的工作意图，是落实工作的最高境界。创新不但是对工作自身的创新，还是创造一个充满创新活力氛围的过程。在工作中，我们必须摈弃老掉牙的陈旧工作思想，不断从市场开拓、优质服务等方面拿出创新举措，并雷厉风行地去实施，让自己的短板长于别人的短板，甚至是长板。

深度思考

在古希腊盲诗人荷马创作的希腊神话——《荷马史诗》中，有一位武功盖世无双的战神——阿喀琉斯。在阿喀琉斯刚出生的时候，他的母亲为了让他练就刀枪不入的功夫，便提着他的脚后跟将他浸泡在冥河当中，自此阿喀琉斯拥有了铜墙铁壁般的身躯，可是他的脚后跟由于一直被母亲握着，所以没有得到冥河的洗礼，因而留下了弱点。

阿喀琉斯长大后，凭借自己刀枪不入的功夫在诸神之战中所向披靡，以一当百。不过，阿喀琉斯脚后跟的秘密却被叛徒泄露给了他的敌人帕里斯。在《荷马史诗》中，帕里斯同样也是一个杀人不眨眼的狠角色，他精准的射术令很多英雄为之战栗。于是在战场上，帕里斯躲在暗处，寻觅到一个绝好的机会，一箭射中阿喀琉斯的脚后跟，将其射杀。后来希腊人便以“阿喀琉斯之踵”譬喻这样一个道理：即使是再强大的英雄，他也有致命的死穴或软肋。

现实中，每个职场人都有自己的弱点和短板，请认真思考，并找出自己有哪方面的短处，以及在今后的工作中要如何去克服。

多栽花少栽刺，与合作伙伴共赢

合作，不仅是一种职场人抱团取暖的心态，更是一种趋利避害的大智慧。

在工作中，我们每个人都避免不了要和很多人打交道，如何处理好这些复杂的关系，对我们工作的成败非常重要。“多栽花”是指我们在工作中应该尽可能地和更多的人建立良好的人际关系，以保证我们工作的畅通无阻。而“少栽刺”则是告诫我们在生活中少树敌，把矛盾的可能性降到最低点，这样，我们开展工作的阻力就会小一点。

在“竞争”与“竞合”的问题上，华为总裁任正非曾说过这样一句富有哲理的话：“在从商这条弯弯曲曲的道路上，如果你永远不去和别人交朋友，那只能是意味着你的价值观出了问题。通常这样的企业都不会走得太远。”

2016年年初，华为集团与爱立信上演了一出“一笑泯恩仇”的戏码，这也使得在市场业务上的两大通信公司实现了强强联手。

时间退回到2001年，爱立信成立了爱立信移动平台公司，向全球设备生产商提供2.5G和3G技术授权，这就是后来爱立信技术授权平台。在终端领域，绝大部分领先过的以及正在领先的手机巨头，都挨过爱立信的技术“板子”：从摩托罗拉、诺基亚、三星到苹果等企业都由于技术侵权而被爱立信告上过法庭。

当时华为已经初具规模，爱立信担心在业务上受到华为的威胁，因此在授权方面给出的条件极为苛刻，这使得两家企业没有谈拢合作。从此之后华为与爱立信的关系开始走向决裂，都将彼此当成最大的敌人来看待。

令很多人没有想到的是，在2016年，华为与爱立信这对生死大敌居然并肩站在了一起，对两家公司为何能够“冰释前嫌、携手共进”，一时间成了很多人心中的焦点。

在被问及双方合作的原因时，华为方面的负责人说：“没有任何一家公司可以包下整个市场，为什么我们不把格局放宽一点？”华为负责人认为，企业选择合作共赢模式已经成为经济全球化发展的必然趋势，同时也是开拓市场的绝佳策略。因此，企业要想良性发展就必须加强与客户间的合作共赢，与供应商的合作共赢，与竞争对手的合作共赢。不仅如此，华为负责人表示，不仅仅是爱立信，未来任何一家企业都有可能成为合作伙伴。

“竞合”是双方的一种资源替代与能力互补。竞合并不会减少企业的收益，反倒是在一些未知领域中，两家公司通过竞合后达成的共识，可以相互减少各自在行业中的竞争压力，且通过资源互换、优势互补等策略催生出各自企业更强的动力和冲击力，最终取得共赢荣光。

无论何时，合作都是一种值得我们去发扬的精神，合作源于双方最基本的信任，这种力量难以估量。

然而在职场的竞争中，一些职场人士总是会不由自主地认为，美味的蛋糕总共就那么多，如果别人比自己多拿走一块，那么自己就吃亏了。在他们眼中，职场仿佛一场“零和游戏”，在这场抢夺资源的游戏中这些人竭尽全力，恨不得自己多长出两只手去争夺，却没发现自己已经置身于孤立无援的险境，如果遇到什么灾祸，连拉自己一把的人都没有。其实，这都是“匮乏心态”在作怪。

相比之下，那些抱着“多栽花少栽刺”心态，在职场的道路上愿意将自己的资源拿出来以寻求共赢合作的华为人，在未来晋升的道路上内心将会拥有一种更加富足的安全感。正是这种心态，才开启了华为人未来的无限可能，让其充分发挥创造力，收获更加完美的明天。

方法定制

工作中已经习惯了独来独往，要怎么做才能有效融入合作之中？

1．培养自身宽广的胸襟

在工作中，不是每个员工都喜欢与他人合作，尤其是身在一个团队之中，与另外一个团队进行业务上的合作。因为每个团队都有自己独特的优势和短处，这些特点以单独个体评价时可能是熠熠发光的优势，但当突然要融入一个团队同伙伴合作时，那独特的个性很可能成为劣势和问题。所以，想要实现合作共赢，每个团队成员都要培养自己良好的心态，收敛自己的个性，同要合作的团队有良性互动。

2．应随时与合作伙伴进行资源共享

在合作中，一些关键的资源或信息需要双方毫无保留地进行分享。当你把你的信息拿出来跟合作伙伴分享的时候，合作伙伴也必定有所回馈，这也是对你信息的一个补充，这些都能帮助你去充实你的信息库。当你把自己的信息完全封存起来的时候，你的信息库将会越来越窄。在工作中，越是肯分享自己资源和信息的人，就越容易成为专家；而越是封闭自己的人，越容易使自己闭塞。

3．摆正心态，共同进步

面对当今社会激烈的竞争，虽然很多职场人认为合作的关系应该是“互相帮助、共同进步”，但许多建立合作的团队都在潜意识将对方认为是自己的“对手”。很显然，片面强调竞争的心理，阻碍了许多员工的团队合作意识。因此，职场人在与他人合作的时候一定要调整好自己的思维，以“一荣俱荣，一损俱损”的心态对待合作。

深度思考

麦当劳的对手是谁？相信多数人一定会说是肯德基，其实这个答案只对了一半，因为我们多数人只看到了它们的对立关系，并没有看到二者的统一关系。在对付中餐问题的立场上，麦当劳和肯德基却是盟友关系。它们时而是盟友关系，时而是对手关系，这正应了一句老话——“这世上没有永恒的朋友，也没有永恒的敌人，只有永恒的利益。”

你如何看待麦当劳和肯德基之间的这种“亦敌亦友”的关系？

不要个人英雄主义

要立足于职场，个人能力再强也离不开团队的力量，因此要虚心进取，而不是搞个人英雄主义。

他一袭风衣，意气风发，在喋血的街头，激射着心中的复仇怒火。作为20世纪80年代最能代表香港警匪电影的《英雄本色》的主人公——周润发所饰演的“小马哥”，其潇洒挥枪与恶势力浴血奋战的英雄形象，无疑成了那一代人久久无法忘怀的经典。可以说，“小马哥”这个角色不仅成了香港电影中个人英雄主义的巅峰之作，直到现在，也没有任何一个此类的角色可以与之媲美。

相对个人来说，“小马哥”是英雄，是偶像，但对团队来说，拥有“小马哥”这样的英雄人物未必是好事。在职场中，我们之所以组建团队，就是为了让大家通过共同努力协作更好地实现目标，如果团队中的每个人都想逞英雄，甚至为了竞争而相互恶意拆台，那么这个团队一定会支离破碎。

2011年，阿明从一家世界500强的公司跳槽到一个刚刚创业的公司。当时，有一个“海归”的博士在阿明上班后没多久也来到了这家公司。凭借学历上的优势，海归博士压了阿明一头，成为产品研发团队的主管，而阿明则充当他的副手。

一个是世界500强公司历练多年的老员工，一个是刚刚走出校门、胸怀大志的职场新锐。二人的强大气场影响了整个团队，当时，研发团队中几乎所有员工都看得出阿明和博士从骨子里发出的傲气。

团队运行了几个月，在工作中，阿明发觉博士对自己和其他同事有些排斥，身为团队主管，博士的任何想法从来都不跟他们商量。最后，博士负责的那个产品研发没有按时出成果，不仅如此，原本他们团队的研发精英，也因和博士合不来，有的转部门，有的干脆跳了槽。而这个博士也由于给公司造成了损失而引咎辞职。

就这样，阿明被大家推荐为新的团队主管。可实际上，阿明并没有多开心，在博士辞职的那天，阿明也是惊出了一身冷汗。因为，如果一开始由阿明来带队伍，以阿明当初的傲气，说不定也会落得和博士一样的下场。阿明心里默默地思考着：“看来，这职场中的各种成功，都不是靠个人努力就能成功，而是靠团队协作才能胜利，想当个人英雄逞能，职场里可不吃这一套。”

其实，在职场中，真正的团队，是每个成员都齐心协力而非单打独斗。

在现代职场中，有不少团队的成员，他们依仗自己专业能力超强、业绩好，就把自己当成无所不能的英雄，无视公司的规章制度，对同事的建议置若罔闻，认为自己就是行业的权威，这是中国自古以来“英雄”一直所表现出的态度。他们为了在上级领导者面前表现自己，什么事情都亲力亲为，导致同事对他们产生依赖心理，使整个团队的战斗力因长期得不到锻炼而受到削弱。

诚然，一个团队的效益确实与这些英雄人物的贡献有着密不可分的关系，但是如今靠着极少数的精英人物托起一个成功团队的年代早已和年轻气盛的“小马哥”一样，一去不复返了。现在的组织更需要团队执行力，没有团队的力量是不可能实现某一战略目标的。想要提高团队执行力，作为职场人的我们就必须处理好团队利益与个人英雄主义之间的关系。必须在维护团队利益的前提下，发挥个人的积极作用。

方法定制

怎么做，才能与集团其他的同事融洽相处？

1. 敞开胸怀，博采众议

很多刚入职的员工，由于从未体验过团队作战的工作模式，因此在日常工作中或多或少会将自己封闭在一个小环境中，这也造成了他们事业中最大的不幸——空有无穷的想法和潜力，却没有用武之地。

工作中，一个好想法必须得到团队绝大多数人的同意且切合实际，有时候一个人的创意很难支撑起一个团队的发展，因而要全体成员在创意的认同基础上凝聚在一起，形成坚强的团队，团结协作，为实现目标而奋斗。

2. 树立“我为人人，人人为我”的思想

一个好的公司、好的部门通常是通过自我调节把工作摩擦降到最低点。要识大体、顾大局，尽量在自己部门里加以解决，为其他部门、上下级、上下道工序创造好的工作条件。

3．经常沟通和协调

沟通主要是通过信息和思想上的交流达到熟悉的目的，协调是为了取得行动的一致。良好的沟通是建立在双方相互了解和理解的基础之上的，因此要多了解和理解沟通对象，要积极地向别人推销自己的主张，用“双赢”的沟通方式达到良好的沟通目的。

深度思考

在我国民间一直流传着这样一个寓言故事：有三只饥饿的老鼠来到一户人家打算偷点东西吃。转悠一圈，除了一个油缸，三只老鼠没有其他发现。

对于饥饿状态下的老鼠来说，即使是油也可以让它们饱餐一顿。可是当它们爬到油缸的边缘才发现，油缸里的油不多了。而且油缸的缸身太高，它们谁也喝不到。

于是三只老鼠想出一个主意：它们咬住对方的尾巴，像绳子一样将一只老鼠吊下去，等第一只老鼠吃饱了，再换第二只老鼠下来吃。

可是在实施计划的时候，却出现了问题，三只老鼠相互猜疑，结果谁也不相信谁，都抢着做第一只下去吃油的老鼠。结果谈论很久没有结果，最终三只老鼠都饿死了。

在预谋偷油的过程中，三只老鼠都拥有着共同的目标，可是由于信念不同，又纷纷藏有私心，使得最终非但没达到目标，还酿成悲剧。对这个民间广为流传的故事，你有什么自己的感受？

深度实战：马云的“十八罗汉”与史玉柱的“四个火枪手”

20世纪90年代，中国商场风起云涌，引无数英雄竞折腰。在大浪淘沙的市场环境下，无数团队折戟沉沙，最终能够熬过来的屈指可数。很多曾经叱咤风云的孤胆英雄在面对竞争对手团队协作作战时败下阵来，无奈交出资源，黯然谢幕。

在那个时代崛起的众多商业团队中，马云和他的“十八罗汉”算是“后起之秀”中比较有名的团队。“十八罗汉”组建于1999年，当时，经过马云一段时间的思考，终于下定决心回到老家杭州开始自主创业。在马云与创业成员召开的第一次全体会议上，马云侃侃而谈，谈理想、谈方向、谈计划、谈发展。当时被马云拉来的17个朋友纷纷表示愿意跟着马云一起干。包括马云在内的18个人共筹了50万元注册阿里巴巴，从此大家同舟共济，不分昼夜地工作。这18个人，各有所长，有的懂技术、有的懂市场、有的懂战略，他们的合作就好比是组成“十八罗汉阵”。

虽然20世纪末期马云创业时互联网已经开始坠入寒冬，但他和他的17个亲信硬是挺了过来，“十八罗汉”在一起抱团取暖，共同迎来了中小企业B2B最温暖的春天。

仅仅在一年后，马云就成功拿到了2500万美元的风险投资。“十八罗汉”告别马云150平方米的小屋，进驻华星科技大厦，开始招兵买马，扩展业务。“十八罗汉”也开始表现出自己强劲的能力，纷纷在自己熟悉的领域为阿里巴巴攻城略地。通过十几年的努力，如今的阿里巴巴早已成为中国互联网电子商务的传奇，几乎每个年轻人都从“淘宝”中购买过自己心仪的商品。而当初的“十八罗汉”现在大多在阿里巴巴这个大平台中创建了属于自己的事业，有的成了首席财务官，有的成了首席人力官，有的成了用户体验设计总监……

这些“罗汉”在阿里巴巴拓展业务的过程中被公司派往全国各地，甚至海外。他们相互之间很难见一面，但每年的除夕夜前后，这些人总要回到杭州相聚一次，一起吃顿饭，喝喝酒，叙叙旧。这些最初跟随马云创业的人永远无法忘记 1999 年马云找到他们时所描绘的那个梦想：“中国在电子商务上一定会诞生一个全球最伟大的公司，我们还要继续努力，争取做出一个能够生存 102 年的大企业。”每当这些人聚到一起喝酒谈到这个梦想的时候，或许每个人心中都有无限的感慨。

相比于“十八罗汉”一路拼搏“发家致富”，20 世纪 90 年代另一位崛起的商业大佬史玉柱和他的“四个火枪手”则是共同体验了一次刺激的“过山车”经历，大起大落，大落大起。

20 世纪 90 年代初期，一个名叫史玉柱的“老男孩”在商界横空出世，创造了中国商业一个史诗般的“三级跳”神话：第一年成为百万富翁；第二年拥有千万资产；第三年暴富成为身价亿万的巨人集团公司总裁。然而好景不长，年少轻狂的史玉柱在扩张他的商业帝国时出现重大决策失误，造成了不可估量的损失，那个人们眼中仰视的“巨人”瞬间倒在地上，史玉柱也从一个坐拥亿万资产的富翁变成负债两亿五千万的“负翁”。

一般人是经受不住这样打击的，史玉柱却挺了过来，和他一起挺过来的，还有一直追随在他左右的“四个火枪手”，这几个心腹一直跟着史玉柱转战江浙、东北等地，一直找寻东山再起的机会。那段时期，负债累累的史玉柱困顿不堪，就连自己都是“吃了上顿愁下顿”，更别提给这四个心腹发工资了。然而，这并不影响“四个火枪手”对史玉柱的忠诚，他们始终团结在史玉柱的周围共患难。在史玉柱最困难的时候，这四个人甚至会从家里借来钱援助史玉柱。无论被外界如何误解，无论公司陷入如何的困境，追随史玉柱的人始终没有放弃对他的信心。

几年之后，史玉柱以王者之姿带着他的“脑白金”再次杀回商场，不出两年时间，就是这位在别人看起来绝不可能东山再起的“中国首穷”，转眼间又积累了数百亿元的财富。

经历了二次艰难创业，史玉柱对包括“四个火枪手”在内的一直愿意跟随在他身边的员工十分看重，史玉柱说自己凭这几年时间的历练，自信能看出一个人的德行。史玉柱对待这些有情有义的团队成员非常好，他说自己能有今天完全是这支团队的功劳，他们就像是“巨人”企业的根，如果没有他们，“巨人”在第一次摔倒之后将不会这么快就站起来。

正所谓：“双桥好走，独木难行。”一个人要想成功，单凭自己的能力是无法达到的，必须有同甘共苦的伙伴一同努力。2007 年，阿里巴巴获得“最聚人气团队奖”时，马云就说过：“阿里巴巴可以没有马云，但不能没有这个团队。”

现实中，在我们工作时，每个人都可能会遇到比较难解决的问题，这个时候需要各成员之间发扬群策群力、互相帮助的团体精神，大家一起来分析讨论，共同协商解决问题的最佳方案。

某些时候，虽然工作是相对独立的，但有一个团结的集体做坚实的后盾，各自的工作就不是孤立的。就像大雁的结队迁移，它们选择拥有相同目标的伙伴同行，这样可以彼此互动，更快速、更容易地到达目的地。同样的道理，我们各岗位的工作如果离开了公司团队的支持，也寸步难行。

因此，我们应该在每一次的工作中，在处理每一个难题的时候，合理发挥团队合作精神，让全体人员像步调一致的雁群一样，齐心协力，互帮互助，这样，工作起来就会事半功倍了。

第 10 章

摆正态度干工作，
深度不仅是方法更是态度

Deep Work Rules

扪心自问，你在为谁工作？虽然嘴上不说，但相信很多职场人会在心里对自己坦白：“我是为薪水和职位工作的”。可对真正的职场精英而言，工作固然是为了生计，但也不完全是为了生计，他们认为有比生计更重要、更可贵、更值钱的东西。这些职场精英之所以能够在职场的道路中快人一步，正是由于他们善于在深度工作中调整好自己的心态，而不是一直将自己困在装薪水的信封里。

态度决定工作深度：正向心态成就职场状态

我们用什么样的态度对待工作，就会收获什么样的高度。积极的态度可以使我们在职场中走得更远。

美国心理学家马斯洛曾说："心态若改变，态度跟着改变；态度改变，习惯跟着改变；习惯改变，性格跟着改变；性格改变，人生就跟着改变。"可以说，态度是促使一个职场人走向成功的最神奇力量。在工作中，态度左右着我们的思维和判断，操控着我们的行动。如果面对工作，我们可以保持良好的心态，即使目前的工作不是很理想，也能够心满意足，心平气和。而这种积极的心态，就会带来良好的工作态度，工作效率就高，并引导我们逐步走向成功。

大学毕业后，赵子豪在地质勘探局找到了一份工作。最开始的时候，赵子豪感觉工作很稳定，生活也挺滋润。但有一次春节回家，赵子豪和同学聚会时，发现好多同学都开上了宝马，购买了楼房，有些同学甚至连小孩都有了，一想到这些，赵子豪就变得特别焦虑，想到自己现在还一事无成，不免叹气。

后来回到勘探局，赵子豪便失去了工作的热情，不怎么情愿去现场地质勘查，他认为整天顶着大太阳把自己累到半死，还挣不到什么钱真是不值。局里的领导看到赵子豪工作如此消极，于是找他谈话，得知赵子豪心中的情绪，领导便说："未来取决于你自己，如果你现在就这样，那你只能一辈子顶着太阳做勘查地质的工作。要想把握住自己的将来，必须把手头的事情做好，这样才能在朋友中抬起头来。"

下班后，赵子豪躺在床上反复思考着领导说的话，他觉得领导说得非常对，由于自己的一时糊涂差一点断送了自己的未来。之后，赵子豪在工作中特别积极，每一次外出任务他都积极参加，甚至要求额外的任务，在工作中不断积累的经验使他成了队里知识最渊博的人，不出一年，赵子豪就被提拔为领队，前途一片大好。

同样的工作环境，如果心态不同，则对工作环境的态度也是不一样的。用积极的心态面对恶劣的工作环境，也能气定神闲，没有一丝悲观、忧郁、烦躁和自卑的情绪。

工作中所有的困境都是能够逆转的，每一个困扰着你的难题也并非无法解决，只有当你带着一种积极向上的心态去工作时，自然会对工作产生正面的意念，从而掌控自己的职场节奏。

方法定制

如何在工作中培养积极向上的正向心态呢？

1．培养良好的自我概念

无论何时，职场人都要从内心深处对自己做出向上的正面评价。一个人在自我概念中的正面评价越多，心态就越积极；相反，在自我概念中负面评价越多，心态就越消极。

2．在逆境中坚守向上的决心

法国哲学家沙特有一句名言："处境不能阻止人选择，人在处境中也是绝对自由的。"既然职场人可以选择做任何事情，那么在任何困境中，都要选择积极向上的心态。

3．要保持乐观的情绪

思维方式影响一个人的情绪。比如：利导思维产生积极的情绪体验，而弊导思维则产生消极的情绪体验。反过来，情绪也会影响思维。积极的情绪推动利导思维，而消极的情绪则拉动弊导思维。

印度音乐指挥家梅达曾在一次音乐会上佩戴了一个花环，当他起劲地指挥乐队时，花瓣纷纷落到脚下。一位现场观看演出的女士说："等他指挥完，他会站在一堆可爱的花瓣之中。"而在她身边，另一外女士则说："结束的时候，他颈上只会挂着一道光秃秃的绳索。"两个人的心态不同，看到的也截然不同。

深度思考

人们常说主动可以成事，被动只会误事。普通职员与职场精英的最大区别就是后者做事能够积极主动，而前者则多半消极被动。主动做事的人，在处理问题的同时，能把相关的其他问题也一同解决掉，虽然这些问题并没有安排他去做。

在工作中，你认为自己的工作态度是消极被动还是积极主动？请结合自己的工作经历，谈谈你是否还有提升的空间。

不要做“愤青”，而要做“奋青”

工作中，不要做“愤怒的小鸟”，而是要争做“奋斗的丑小鸭”。

“愤青”一词由来已久，狭义上是指对社会的明天已经彻底失去希望，并以激进的言辞进行抨击的青年人士。自古以来，中国便不缺“愤青”，汉朝时有“匈奴未灭，何以家为”的霍去病；唐宪宗时期有“就是看不惯”的韩愈；清朝有“我劝天公重抖擞，不拘一格降人才”的龚自珍。到了现代，仍有抵制外国货并在网络中活跃的“键盘侠”。再往窄一点说，那些年轻气盛、思想偏激、时常抱怨社会不公却不干实事的群体，同样被冠以“愤青”的称号。

在职场中，很多“愤青”很喜欢用他们所谓的“反叛”的“逆言”来展现自己在团队中的与众不同。其实这正是“愤青”们缺乏自律意识，某种物欲得不到满足，至通过精神上寻求自我慰藉，以此来掩饰心里不敢正面面对的现实。然而愤怒不如奋斗，面对困难、不公、不如意，最正确、最有效的方法就是通过努力解决这些问题。

圣诞节前夕，Abby 花了一整天的时间，制作了一张公司宣传海报，结果刚通过邮件发给部门的同事，就被几个快言快语的人提了一大堆的意见。

这让Abby十分沮丧，辛苦了一整天，本意是想让大家看看她的成果，结果同事们竟然将她的作品说得一无是处，一点不顾及她的感受。

临下班之前主管找到Abby询问她是否可以留下来加班将这张海报修改出来，主管通过邮件耐心地指导Abby，Abby修改了三次都无法让主管满意，于是主管就找了一张从前公司用过的圣诞节海报，让她照着这个风格设计，结果还是和预想相差很大。

最后，下班的时候，主管也陪她留了下来，主管坐到Abby旁边一点一点耐心地指导她，花了将近两个小时，Abby才勉强弄出一张在主管看来稍微像样点的海报。就在主管终于松了一口气的时候，Abby却在推特上更新了自己的心情："每个人的劳动成果都应该值得被尊重。"除此之外，还将当天的事情全部描述了一遍。这让主管和其他同事都觉得有点尴尬，不是因为自己严格要求了她，而是为她的"玻璃心"和"愤青"思想。

Abby的这条推特被很多人分享，最终一名十分有名的心理医生也看到了这条推特，心理医生在推特中给Abby的回复是："自己能力有限的时候就应该虚心向团队中的人学习，没有人会嘲笑你的进取心。如果你因为这次大家说实话而闷闷不乐地与人计较，不但会给人留下心胸狭隘的印象，以后也不会有人真心指导你了，你还能快速成长吗？"

在职场中，像Abby这样稍有不快，就开口抱怨别人的"愤青"大有人在。有人说，和"愤青"一起工作的人唯有"聋子"最幸福。这话说得很有道理，因为大多数的"愤青"说话既刻薄又浅薄厌世，他们在工作中总会带着一种连自己也不愿沾染的恶劣情绪，心情稍有不平便会化激情为怒火，对惹怒自己的人疯狂"开炮"。

很多时候，错误的认知是职场人成为“愤青”的主要因素。有些职场人认为发怒可以威胁他人，发怒可以抵挡责难，发怒可以推卸责任，发怒可以逃避努力，发怒可以满足愿望。因此，很多原本单纯的职场人逐渐成了招人厌烦的“愤青”。不正确的认知使他们变得简单、幼稚，稍不如意便怒气冲天，易被人利用，事后却后悔不迭。

作为职场人，对于工作中所有非正义的东西，我们要敢怒敢言，表现出正义之感。同时，又要学会制怒，在人与人的正常交往中，用理智控制情绪，用坚实的感情地壳，挡住愤怒的岩浆。

方法定制

在现实工作中如何才能克制心中的愤怒呢？从心理上来讲，要以“理”制怒：即当我们在工作中遇到让我们发怒生气的事，首先要用理智来克制情感上的冲动，保持心平气和的心理状态；二是以“耐”养性：即要有豁达的胸怀和涵养，遇到不称心、不顺意的事情能忍得住。除此之外，我们还应学会一些具体的制怒方法。

1．情感转移

当我们遇到怒不可遏的事情时，在发怒前做几次深呼吸，然后尽快离开让我们发怒的地方，通过场景转换，以转移发怒的情绪。例如：我们可以出门散散步、看场电影、听一些舒缓的轻音乐，总之，用各种办法使自己的注意力从发怒的人或事上，转到另一个方面去，以获得情绪上的稳定。

2．吐露心声

当我们处在一个生气的状态下，为了不使心中的怒气汇聚更多，我们可以对死党、闺蜜等知心人尽情地倾诉一番，吐露自己的委屈，以减轻不快情绪，并获得他们的劝解和宽慰，使心情舒畅起来。

3．忘却不快

每当我们在工作中发生不愉快的事情时，如果我们能够暂时忘却它，就不会使自己处于一个烦恼的漩涡之中。短暂忘却事情的方法有两种：一是专注致力于事业或工作；二是尽量多做些家务杂事，或者找上几个朋友组团玩玩电子游戏。其目的都是通过手脚不停、脑子不闲而忘却烦恼，摆脱使人发怒的思想负担。

4．妥协让步

每个人在工作上都不可能一帆风顺，我们总会遇到些令自己烦恼可又挥之不去、暂时无法解决的问题。这时，我们不妨做出些许让步。俗话说得好："忍一时风平浪静，退一步海阔天空"。理智的让步不仅可以使自己放松紧绷的心，同时也有利于我们开展工作。

"奋青"与"愤青"，虽一字之差，却代表着云泥之别的两种心态。"奋青"比"愤青"少了份冲动，多了份理性；比"愤青"少了盲目，多了奋斗的目标。作为职场人，我们应该成为一个勤奋做事的"奋青"，而不是一旦遭遇不公平待遇便会吹胡子瞪眼、出口成脏的"愤青"。

深度思考

晚清重臣林则徐入仕以后，就一直在自己的卧室里挂着一幅字，这幅字上书两个字——"制怒"。林则徐从小就是个急脾气，做事有时难免毛糙。林则徐的父亲认为这毛病对他将来做人做事都很不利，于是就在林则徐的书房里悬挂了一块横匾，上书"制怒"二字，为的就是希望林则徐在以后的生活中可以控制自己的感情，不要动不动就发火动怒，忘了自己向上的初心。

现实中，发怒是每个人的本能，可制怒却不是所有人都拥有的本事。当你在工作中受到了不公会怎么做？结合林则徐的故事谈谈你的想法。

凡事浅尝辄止，最终一事无成

成大事不在于力量的大小，而在于能坚持多久。

回顾自己的过去，你能否清晰回答如下问题：

你是否正走在一条自己喜欢的道路上？

你是否像工匠仔细研究技艺一样，仔细地研究自己工作的每个细节？

为了扩大自己的知识面，为了给公司创造更多的价值，你认真阅读过有关的专业书籍吗？

你是否对你的每一份工作都尽心尽力了呢？

如果你对这些问题无法做出肯定的回答，那就说明你并不比别人做得好，也无法超越别人。因此，你也就不必疑惑为什么自己明明比别人聪明却长期得不到提拔和重用。事实上，浅尝辄止的工作态度是职场人的大忌，也会产生各种危害。

2017 年，一篇自述 10 年就业艰辛历程的帖子在天涯被众人围观。在这篇帖子中讲述者陈凡黯然地追忆着自己颇为失败的 10 年青春，并直言希望通过自己的经历能给刚刚走上职场的年轻人一个警示。

2007 年，陈凡毕业于北京某科技大学，毕业后进入 IT 业，拿着很多人“仰望”的高工资。头一年，陈凡靠着自己不休不眠的工作干劲帮助所在团队做成了几个大项目，陈凡出色的表现也被经理看在眼里。碰巧，当时有一个部门的主管由于身体原因调离了岗位，公司经理想要陈凡来接任这个职务，然而在评定的时候，陈凡在工作上表现出的一些不足又让经理多了一丝犹豫。最终，经理以让陈凡在基层磨砺为由，将另一个公司的“老人”安排在了主管的位置上。心高气傲的陈凡认为经理出尔反尔，做事没有魄力，一气之下离开了公司。

辞职后的陈凡没有继续做IT行业，而是转去了餐饮业，陈凡从一个服务生做起，由于他工作积极、踏实肯干，不到半年的时间就被酒店经理升为领班。可是升职后，陈凡并不满足，相比自己曾经的同学，自己算是混得最差的一个，以前的同学都在IT业做上了主管的位置，有些转行的同学也纷纷小有成就。反观自己，只是一个小小的领班，于是他向经理毛遂自荐，希望可以获得更好的待遇。经理在慎重考虑后，拒绝了陈凡的这个要求。于是陈凡再次递交辞呈。

在随后的8年中，陈凡做过导游，开过电脑维修店，炒过股票，当过群演，跑过出租……

但无论从事什么工作，均是半途而废，最长的一份工作，陈凡也仅仅坚持了不到一年半的时间。

陈凡在帖子中自述道：“工作不稳定，其专业技能、经验就无法得到有效的加强，而频繁更换工作更增添了求职的难度。行业背景不扎实、专业技能没有得到系统培训的提升、在职场的人脉也没有系统构建，导致我的求职不容乐观。如今我反思自己，终于想明白一些道理，然而，青春十年却一去不回。”

陈凡在毕业的十年中，更换多份工作，如今一事无成。就像他在积极地开垦土地，地刚犁出来，还没有播种，他就放弃了。周而复始，他总等不到丰收的时候。其实，每个职场人在其成长的过程中，都要从阶梯的最低一级拾级而上，一步一步地往上走。

实际上，职场人心中有志向是好的，但不能急功近利。有句名言："欲速则不达。"无论从事什么行业，经验和能力都需要职场人在工作中日积月累，在这个过程中职场人要善于将潜力转化为能力，把实力转化为地位，切忌急于求成，浅尝辄止。

方法定制

如何做才能避免因浅尝辄止而带来的一事无成的尴尬境遇呢？

民间有一句俗语叫作"心急吃不了热豆腐"。太过于急于求成反而会达不到你预期的目标。在职场上也是如此，过于急功近利可能会让你得不偿失，还让你的职场竞争对手钻了空子。

现如今，很多职场新人希望一毕业就能实现职业理想，但对一个新人来讲，急于求成却并不现实。无论什么性质的企业，处于职业金字塔底部的情况基本是一样的，新人更多需要执行和服从。"尊严、面子和地位"的获得需要时间及长期努力。

作为职场人，尤其是刚毕业的职场新人，更应该踏实工作，适应职场，积累能为理想中的职业所用的资本，包括经验、能力、人脉、金钱，对职场的理解，以及做判断的阅历和人生智慧。工作是相通的，用心投入工作，总能给自己留下一些财富。

深度思考

在日本，流行一种"匠人精神"。那些在事业中被人们誉为"匠人"的职场人无论走到哪都十分受人崇拜和尊敬。这些职场人之所以能够被磨炼成“匠人”，所依靠的就是自己对事业的坚持和专注。能够成为“匠人”的人必定拥有常人所没有的那份耐心。

对于“匠人精神”你怎么看？假如某个行业的前景非常好，而恰巧你对这个行业也非常感兴趣，你会在这个行业里潜伏多少年去追求匠人精神？

欲成大事者，必先重细节

要想比别人更优秀，只有在每一件小事上比功夫。

现实中，无论是科学家的科研创新，还是职场人平日里的工作学习，过程中细节差一点最终有可能导致结果差很多。因而，在现代企业中，很多企业家都将“细节决定成败”作为企业发展道路上的训条。

何为细节？简而言之，细节就是指我们在每年的工作中所做的那些看似普普通通、平平凡凡的，却又十分重要的事情。不少企业家在强调工作中的细节时都认为，细节就是每件大事背后的小事，如果连小事都做不好，又怎样做大事呢？

对于航天科学的从业者和爱好者来说，2003 年 2 月 1 日，是一个永远无法让人忘怀的日子。美国“哥伦比亚”号航天飞机在进行第 28 次执飞时，在升空 82 秒后发生爆炸，机组上的六名美国宇航员以及一名以色列宇航员在这场空难中无一幸免。该起事件被报道后，全世界一片震惊。

经过数月调查，美国航天局公布了“哥伦比亚号”失事原因的最终报告。报告中说，导致“哥伦比亚号”事故的技术原因是：在航天飞机高速飞行的时候，一块燃料箱表面脱落的泡沫材料撞击到了航天飞机的热保护系统，从而形成了裂孔，最终导致飞机爆炸。可见有时候，一个小小的细节，甚至可以将全局毁于一旦。

对于奋斗在职场中的员工来说，追求工作细节是一种值得我们用一辈子去学习的态度，这种工作态度可以使我们在工作中尽心敬业地完成自己的一切任务！职场人注重细节，是一种良好的品质和态度。

海尔总裁张瑞敏先生在评价国人对细节的把控时就曾说：“如果规定一个中国员工每天擦桌子六次，那么他在第一天可能擦六遍，第二天可能擦六遍，但到了第三天，可能就会擦五次、四次、三次，到后来，就不了了之。”鉴于此，张瑞敏不禁感叹道：“把每一件简单的事做好就是不简单；把每一件平凡的事做好就是不平凡。”

企业要发展，离不开精益求精的细节管理。中山大学管理学院名誉院长卢瑞华先生说过：“在中国，想做大事的人很多，但愿意把小事做细的人很少。”是的，无论什么时代，我们都不缺少雄韬伟略的战略家，缺少的是精益求精的执行者。

身为职场人，我们须知伟业固然令人神往，但构成伟业的，却是许许多多毫不起眼的细节。只有做好每一件小事，做好每一个细节，才有可能成就伟业。我们应当具备“横扫一屋方可横扫天下”的思想，我们唯有脚踏实地，从小事做起，注意细节，才会更加靠近成功。

方法定制

对于一个日常工作生活中粗心大意的人来说，在工作中要从哪方面改变自己？

1．注重细节，要从改变观念做起

观念决定职场人对工作和问题的认识，并指导和支配着自身的行动。注重细节，从小事做起，把每一件简单的事做好就是不简单，把每一件平凡的事做好就是不平凡。因此，乐意地、自觉地注重细节，从平凡做起，从小事做起，不怕重复做一件事，不怕枯燥无味地反复操作，在平凡中寻求乐趣，在无味的反复操作中寻求提高，终能成为行家里手，事业有成。

2．注重细节，要用心去发现细节

细节通常很容易被忽视，所以也最能反映一个人的真实状态和在职场的素养。在日常的工作、生活中，细节随处都在，就看我们能否用心地去发现它并付诸行动。多发现一件小事和细节，多做一件小事和细节，就多一份完善。

3．注重细节，要用脑、用心做好每一个细节

认真做事只是把事情做对，用心做事才能把事情做好，在这样一个细节制胜的时代，任何一件事都是做出来而不是喊出来的。在工作岗位上，一件没有预料的事件可能引起故障，一个长期被忽视的小问题可能导致一次大危机，每一个大问题里都有一系列的小问题露面。所以我们必须用心去做每一件事，及时发现、处理小问题，避免工作中出现大问题。

4．注重细节，要有一个长期的准备

优化工作细节实际上是一种长期的准备。细节是一种习惯，是一种积累，也是一种眼光，是一种智慧。只有保持这样的工作标准，我们才能注意到问题的细节，我们才能做到为使工作达到预期的目标而思考细节，才不会为了做好细节而追求细节。

深度思考

作为中国境内的大型外资超市，大润发与沃尔玛、家乐福等综合型大卖场相比，在业态构成、商品品类、经营模式上并无区别。可这家超市能够在近几年如同黑马般杀出，赢得业界的认可，很大程度上在于润泰集团 CEO 尹衍梁先生专注细节的管理。

常去大润发量贩式超市购物的顾客不难发现，在同一座城市相距不远的两家超市里，大润发的大多数生活用品的价格要比别的大型超市低上 10% 到 20%，而鸡蛋和大米的价格不仅比其他超市低，甚至比附近的农贸市场还便宜一到两毛钱。

这其实是尹衍梁的一种经营战略，他认为，在大型超市的成千上万种商品中，大米、牛奶、鸡蛋、卫生纸等日常用品都是价格敏感的商品，由于消费者对这些商品反复购买、使用，因此特别在意它们的零售价格。因此为了吸引消费者，大润发对于此类商品以低价甚至负毛利销售。虽然大润发不是第一个搞降价的超市，但是在具体形象树立方面，大润发却是最成功的超市。

因为对消费者来说，在质量相同的情况下，当然更倾向选择更低价格的商品，而已在消费者心中建立了物美价廉印象的大润发正是凭借这个优势获得了众多消费者的青睐。

另外，在商品价格的制订上，为了让商品低于主要竞争者，大润发赋予各门店弹性调整价格的权力，门店根据同城调查家乐福、沃尔玛等同类卖场的商品价格可以即时变价跟价，使门店价格与竞争者持平或更低。这种商品及时变价的手段，让很多大型连锁超市望尘莫及。而这与对细节管理不无关系。这也就导致了很多知名连锁超市在这场博弈中，频频失去市场。

“细节决定成败，老总是用来管小事的，小事没有了，就没什么大事了。百货超市有很多种产品，每种产品的供应看起来是小事，实际则是大事。”尹衍梁曾通过媒体解释过自己过于追求“完美”的原因是：“即使每一件都成功，但哪怕出现一件错误，美誉就等于零。多年的从商生涯，使我对‘100-1=0’这个等式体味更深。”

身为员工，你对“即使每一件都成功，但哪怕出现一件错误，美誉就等于零”这句话有什么看法？请结合自己的工作，谈谈工作中细节的重要性。

不断检验自己岗位的工作效果

工作中，最困难的事情往往是认识自己。

古希腊人曾把“认识自我”作为最高智慧的象征，阿波罗神殿的大门上就写着这样的一句话：“要认识你自己”。认识自我，是职场人难以逾越的一道重要关卡，也是我们人生的重要转折。作为企业员工，若是我们能够正确地认识自我，并检验自己在岗位上的工作效果，那么在未来的旅途中将不会迷茫。可在工作中很多职场人却忽略了这一点。

一位哲人曾说：“人生最困难的事情是认识自己。”懂得审视的生命是清醒的，它能让我们始终站立在世事的浪尖上，而不被生活中的暗流所吞没。

周末的清晨，一阵急促的电话铃声打破了原有的沉寂，房子里的女主人放下刀叉，去接电话。电话中，男孩用低沉的声音缓缓问道：“比利亚斯太太，请问您的花园需要割草吗？”

女主人非常客气地说道：“暂时不需要，因为我已经有一个除草工了。”

男孩接着说道：“您可以再考虑一下，我想我会比您目前雇佣的除草工能力更强，我会很细心地为您除去花丛根部的杂草，这样可以使您的花长得更加鲜艳。”

女主人回答他说：“你说的这项工作，我的除草工已经做了，而且我认为他做得很好。”

男孩依旧不放弃，继续说道：“请您再考虑一下吧，我可以精确地将整个花园的草修剪得平平整整。”

女主人仍然礼貌地回绝了他：“谢谢，但是我现有的除草工在这方面做得已经足够好，我并不想更换他。”

男孩礼貌地与女主人道别后，挂断了电话。这时，男孩的朋友十分疑惑地问他：“你不就是比利亚斯太太那里的除草工吗？为什么要给她打这样的电话呢？”

男孩平静地说道：“我只想知道我做得到底好不好，有没有什么可以改进的地方。”

现实中，有很多职场精英都会和这个小男孩一样在工作的过程中，始终十分看重客户对其企业、产品的看法与意见，千方百计地了解和探询企业在行业里的现状与发展。这些职场人认为，要想将企业做到最好和最优秀，就必须通过各种途径来审视自己以及检验自己的工作效果。

苏格拉底说过：“未经审视过的人生是不值得度过的！”身在职场，我们每个人都应该学会正确地审视自己，审视是一种积极的自我超越。在工作中，只有时刻审视自己，才能发现工作中存在的缺点，因而不断地调整自己，让自己取得进步。

方法定制

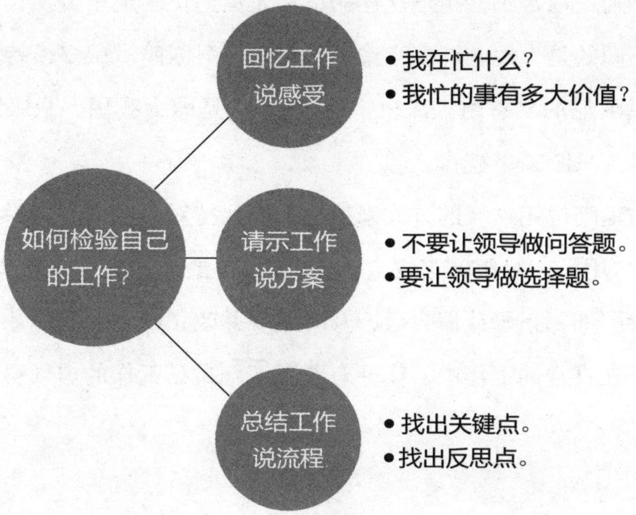

深度思考

2015 年 11 月 9 日，一位中国收藏大亨以 10.84 亿元人民币的“天价”成功拍下了一幅由意大利画家莫迪里阿尼所做的《侧卧的裸女》，一时轰动了整个艺术圈。

对不了解艺术的人来说，乍听之下，莫迪里阿尼这个名字并不如达·芬奇、凡·高、高更等世界著名绘画大师那么响亮。

在众星云集的现代艺术大师中，莫迪里阿尼的确也算不上最有名气的，但相比其他画家，莫迪里阿尼却拥有着不输于这些人的才情和天赋。莫迪里阿尼活跃于 20 世纪初期，和他同一时代的还有被人们所熟知的画家——毕加索。在现实中，毕加索和莫迪里阿尼是十分要好的朋友，同时毕加索也一直将莫迪里阿尼视为自己最强劲的对手。

莫迪里阿尼是个十分英俊的浪子，因此不少流浪在巴黎落魄的女模特找到他，希望能够为自己画一幅肖像画，以向他人换取一些面包和生活用品。只要有空，莫迪里阿尼通常不会拒绝这样的请求。莫迪里阿尼十分擅长肖像画，但与其他画家不同的是，他的许多肖像画都只画一只眼睛。很多模特问他是何用意时，莫迪里阿尼的回答耐人深思，他说："这是因为我用一只眼睛观察周围的世界，用另一只眼睛审视自己。"

画家莫迪里阿尼用这样的方式来提醒人们保持对自己内心世界的关注，可谓用心良苦。"用另一只眼睛审视自己"，其实是要让人们养成自省的好习惯，只有勇于自我解剖，正确认识自己，及时发现并改正缺点，我们才能不断修正人生的航向。在日常的工作中，你拥有敢于解剖自己工作的勇气吗？

深度实战：原一平的微笑为什么价值百万

微笑具有神奇的力量，能帮助我们在工作中取得更大的成就。

在 20 世纪的日本寿险行业中，出现了一个身高不到一米五，却有着显赫声名的推销大师——原一平。在日本的文化中，日本人对于投保的观念看得非常重要，有数据显示，日本人均 6 张保单，相应的，日本从事保险行业的人员也非常多。众多的保险推销员或许无法一一说出全日本多家寿险公司董事长的姓名，却没有一个人不认识这位推销大师原一平。

原一平刚刚进入推销界时，他和别的推销员没什么两样，甚至比很多正式的员工都要凄惨得多。由于身高问题，原一平经常受到同事和客户的嘲笑，在最初的几个月里，原一平在一份保险都没有推销出去的情况下并没有自怨自艾。

原一平在他的自传中回忆道："生活虽然向我露出狰狞的面孔，我依然用微笑对付它，因为我始终坚信，生命的天空总会有晴朗的一天。"

原一平曾总结自己当时的失败，是因为自己总是太在意自己的劣势，从而无法全身心投入事业当中，在与客户交流的过程中，自己的言语也没有感染力，无法调动客户的情绪。为了改善这种情况，原一平每天专门抽出一部分时间练习如何微笑，他假设各种场合与心理，自己面对着镜子，练习各种微笑时的面部表情。

原一平在后来成功后分享自己的经验时曾说："因为笑必须从全身出发，才会产生强大的感染力，所以我找了一个能照出全身的大镜子，每天利用空闲时间，不分昼夜地练习。"

经过一段时间"魔鬼式"的训练，原一平在镜子中发现嘴唇的闭与合，眉毛的上扬与下垂，皱纹的伸与缩，这些表情的"笑"都能够表达出不同的含意，甚至于双手的起落与两腿的进退，都会影响"笑"的效果。

在最初的那段时间里，原一平有时在工作的路上练习大笑，而被路人误认为神经有问题，也因练习得太入迷，半夜常在梦中笑醒。历经长期苦练之后，原一平可以用微笑表现出不同的情感反应，也可以用自己的微笑让对方露出笑容。

后来，原一平将"笑"分为38种，针对不同的客户，展现不同的笑容。并且他深深体会到，世界上最美的笑就是从内心的最深处所表现出来的真诚笑容，如婴儿般天真无邪，散发出诱人的魅力，令人如沐春风，无法抗拒。

原一平在他的自传中写过这样一段经历：

有一次，我前去拜访一位客户。之前，我曾了解到此人性格内向，脾气古怪。见面后果真如此，有时我们谈得正欢，他却突然烦躁起来。我还清楚地记得那次我们谈话的情景。

"你好，我是原一平，明治保险公司的业务员。"

"哦，对不起，我不需要投保。我向来讨厌保险。"

“能告诉我为什么吗？”我微笑着说。

“讨厌是不需要理由的！”他忽然提高声音，显得有些不耐烦。

“听朋友说你在这个行业做得很成功，真羡慕你，如果我能在我的行业也能做得像你一样好，那真是一件很棒的事。”我依旧面带笑容地望着他。

听我这么一说，他的态度略有好转：“我一向是讨厌保险推销员的，可是你的笑容让我不忍拒绝与你交谈。好吧，你就说说你的保险吧。”

原来是这样，他并非真的讨厌保险，而是不喜欢推销员。看到问题的实质后，事情就好办了。在接下来的交谈中，我始终都保持微笑，客户在不知不觉中也受到了感染，谈到我们感兴趣的话题，彼此都兴奋地大笑起来。最后，他愉快地在单上签上了他的大名并与我握手道别。

在工作中，原一平并不仅仅让自己时刻露出笑容，而是一定要设法把准客户逗笑，然后自己跟着笑。原一平认为，只有当两个人同时开怀大笑时，陌生感就会消失，彼此也就能在某一点上进行更进一步的沟通了。但这样做要注意三点：

（1）千万不要油腔滑调，否则，一不小心“幽默”便成了油滑，这样会让人生厌。

（2）说话时要特别注意声调与态度的和谐。

（3）是否运用幽默要以对方的品位而定。

原一平的成功经历让人们明白，原来微笑在工作中带来的价值是如此的巨大。从那之后，很多日本的推销员都将原一平的微笑称赞为“价值百万的微笑”，并像原一平一样每天对着镜子练习自信真诚的微笑来为自己创造财富。

后来，美国大名鼎鼎的旅馆业大王康拉德·希尔顿也开始教导自己的员工面对客人要时时刻露出阳光般的微笑，“你今天对客人微笑了没有？”几乎成了康拉德·希尔顿的口头禅。这位旅馆业大亨每天上班时，停留时间最长的并不是自己宽敞明亮的办公室，而是来回游走在酒店的各个工作岗位上，并不断地告诫员工这句话“你今天对客人微笑了没有？”

把握市场的需求，满足客户心里追求“舒适”的感觉，是职场人士能够在激烈的市场竞争中占得一席之地的最大秘诀。对客户来说，没有什么比花钱买罪受更难受的事情了。如今有很多职场人士并没有意识到这一点，在工作的过程中，动不动就给客户脸色看。这样的职场人，最后注定会被市场所淘汰。

因为他们心中根本就不明确，客户购买自己的产品，产品本身只是一个方面。客户更看重的是产品的服务和企业员工的态度。只有这样让客户在交易的过程中心理上得到应有的尊重，客户才会满意，而我们也会被客户记在心里。

因此，作为一名职场员工，我们在服务客户的时候，一定要注意以下几点。

1．保持微笑

我们要知道，微笑是世界上最神奇的东西。与客户保持微笑，不仅仅能够调节自己的状态，而且还能引起客户的好感。而且，有时候，微笑还能够让双方之间产生一种微妙的联系，让客户感受到自己得到了尊重，从而刺激消费。当然，微笑也要把握时机，对自己的情绪要能够收放自如。

2．言谈举止有涵养

一个言谈举止有涵养的人，往往能得到别人的尊重。当销售人员在与客户沟通时，要想给客户留下好印象，那么我们在言谈举止的表现上一定要谦虚有礼，从而营造起友好和谐的气氛，点燃客户的购买欲。

3．学会聆听，学会解答

作为企业员工，尤其是负责联络客户的人员，在沟通技巧方面必须要娴熟。当客户在说话的时候，不要打断；当客户提问的时候，要尽力详细地去解答。让客户觉得自己很舒服，这钱花得很值得，只有这样，他才会对我们的产品发生兴趣，进而达成交易。

对于任何一位想要购买产品的客户来说，在消费的时候都会存在着一种花钱求舒适的心理，所以职场人要懂得多替客户着想，把最优的服务送给客户。唯有如此，客户才会给我们以肯定，才会让我们的生意更好做。

第 11 章

向学习型员工进化，
深度工作离不开深度学习

Deep Work Rules

一位身家过亿的商业领袖曾说：“人不一定终身受雇，但必须终身学习。”对每一个职场人来说，如果你对待每一份工作都能将之视为一种学习，那么你的职场生涯就会充满快乐和希望。想要全身心地投入深度工作，就必须善于深度学习，唯有如此，才会得到更多的器重和受指点的机会，才会获得比别人更多的成功机会。

Deep Work Rules

提升业务能力，做公司不可或缺的精英

想成为公司不可或缺的精英，就必须以率直、谦虚的态度，乐观进取、向前迈进。

马云曾说：“职场新人不要好高骛远，对于大学生来说不是大学毕业就可以停止学习了，在工作岗位上更加需要学习专业技能，哪怕是一家小公司，也不能消极怠工，给自己长本事总归是为日后谋利益的。”

德国邮政女王格蕾特·拉赫纳 15 岁进入一家邮政公司当学徒。她每天早上七点开始工作，晚上十点钟才结束，打包、填写邮件表单、打扫卫生、记账，凡是与这项工作有关的，她都认真学习，从这份工作中学到的知识和技能成就了她一生的辉煌。

很多大企业的“精英人物”都是从很低微的职位做起来的，他们不会抱怨

公司的大小，而是真正地去提高自己的能力，为日后的机遇做好充分的铺垫，即便潜伏的时间很长，他们也愿意在默默的等待中不断学习。而另外一些同样充满远大抱负的职场人，却会在沉寂的等待中失去耐心，这些人觉得自己所付出的努力，领导看不到，自己平白无故地损失了很多无用功，心里深感委屈。

其实，这种想法是错误的，被誉为“商界哲学家”的冯仑曾说：“想要在事业里出人头地不是一朝一夕的事情。在20多岁刚进入公司的时候，你扮演的顶多是一个候补队员的角色，甚至可能连候补队员都不是，只是一个足球爱好者。到了30岁，你就混成了一个候补队员，到了40岁，就差不多可以上场踢球了，要坚信，自己终有出场的时候。”

对于职场人而言，我们每天的工作就是一种对自身的锻炼，是我们学习的一部分，只有真正将能力提高，才享受得到其带来的实惠。在工作中，我们要花费大量的时间来磨砺自己的意志，提升自己的业务能力，只有这样我们才有可能成为公司里的“精英人物”。

方法定制

普通员工怎样做才能成为公司能够信任并且委以重任的精英？

1. 学会调整自己的心态

任何一名职场人在新接触一个行业的初期都会遇到很大的困难，包括对业务的陌生以及个人心理上承受的压力等。因此，要想在从事的行业里提升自己的业务水平，首先要保持积极、乐观且主动、勇敢的心态。只有自己积极主动，才能让内心产生强大的动力，才能在比较快的时间里跨过起步的困难阶段。

2. 了解产品体系和业务流程

职场中流行着这样一句话：“每一个新行业都是一片新大陆”。对职场人而言，最初接触陌生的行业时肯定没有多少经验，因而工作初期对一些工作的流程和知识少不了要死记硬背。但是在强行记忆之外，我们还应多思考这些体系、流程背后的原因，想清楚为什么要这么设计和安排，这样有助于我们加深记忆，也为我们在这个行业的后期发展打下坚实的基础。

3．虚心求教，树立标杆

要想成为公司的灵魂人物，就必须在工作中拥有卓越的能力。想要快速提升自己，除了自己努力之外，我们更应该在团队中找一位有能力给我们指导而且愿意指导我们的老师，这个人可以是我们的领导，也可以是团队的优秀成员。同时，在心里选择一个公司中的精英，并在心里暗中把他当作要在半年或者一年之内超越的目标，然后边观察他的工作，边在自己的工作实践中去赶超。

4．投资书籍和音像产品

阅读行业相关的书籍必不可少，我们可以参考资深同行的意见，买几本用于学习。此外，在网上观看一些与行业相关的培训课程，在观看的同时结合自己的工作去思考，这对我们来说会有不少启发。

5．在实践中思考和成长

工作中，任何工作能力的提升都离不开实践。我们可以随身携带一个笔记本，在工作中遇到的问题可以先记下来，以此反思自己的工作。

6．紧跟时代发展，学会“七十二变”

当今时代，单一的专业能力早已过时，在职场中，领导更乐于见到的是那种精通“七十二变”的“孙悟空式”员工。这是由于时代的变迁导致外界环境变化太快，很多企业为求生存，通常都会在经营中不断调整方向，因此，今天企业重视的某些专业能力，明天可能变得不重要。在这种情况下，只固守一种专业技能的人，如果无法符合企业未来的发展需求，一旦遭遇组织重整、精简人力时，不但失去了“团队英雄”的光环，还很可能被裁掉。

因此，在大环境不停变动的今天，每个想要成为公司灵魂人物的职场人都应紧扣公司发展的方向，不断学习必要的专业知识，以避免出现“廉颇老矣”

的境况和遭遇。

深度思考

一位从事人力资源工作超过 15 年的资深 HR 说："对工作一直保持热诚，在职场上展现活力和企图心，甚至在团体里能激起同事、下属工作斗志的人，是企业最想留住和提升职位的对象。并且，让领导认为你总是全心投入工作，不计较多做一些事，且自动自发多做一点，而不是每天上班、下班，只把分内工作做好。"

你觉得这位 HR 说得对吗？对此，你又有什么不同的看法？

向"赢家"学习，给自己定一个"小目标"

世界会向那些有目标和远见的优秀职场人让路。

2016 年，王健林参加了鲁豫的《大咖一日行》节目的录制，在节目中王健林更是语出惊人。当节目中两个人谈到"心有多大舞台有多大，真的对吗？"这个话题时，王健林说："心和舞台是一个逐渐放大的过程，我出席学校的活动时，很多学生上来就说要当首富，但是没有目标。其实想做世界首富，这个奋斗的方向是对的。但是最好先定一个能达到的小目标。比方说我先挣它 1 个亿。你看看能用几年挣到 1 个亿？你是规划五年还是三年？到了以后，下一个目标，我再奔 10 亿、100 亿。"

节目播出后，王健林的这句“先定一个能达到的小目标。比方说我先挣它 1 个亿”一时间引爆网络，很多网友的朋友圈、微博等社交网络都被王健林的金句刷屏了！很多网友紧随其后将王健林的这句话编成“段子”，在网上晒出了自己的小目标：“先定个小目标，中午吃泡面能加个荷包蛋。”“先定个小目标，每天能赚 100 块钱。”……

很多职场人终其一生都没有一个明确清晰的目标。很多时候，正是我们毫不在意的目标主导了我们一生的命运与事业的成就，它是驱使我们不断向前迈进的原动力。那些庸庸碌碌的普通职场人与那些在商界叱咤风云的商界精英之间的根本差别并不是与生俱来的天赋、上天眷顾的机遇，而是我们心中是否拥有目标，并坚定地去实现它。

成长是一个不断寻找自我、实现自我的过程，是让自己的心灵有一个空间去向某一个目标伸展的过程。作为职场人，如果我们能像王健林那样，在自己前进的路上给自己设立一个小目标，并且无论风雨，坚持着向心中的那个小目标迈进，那么无论成功与否，我们都是自己人生中的成功者。

职场中，或许绝大多数职场人心中的小目标都不如王健林这般“伟大”，但仍需要我们竭尽全力地守护它，捍卫它！很多时候，我们在工作中不缺很好的想法、目标和计划，但很多人一直处于犹豫之中，迟迟拿不出实现小目标的具体行动，要么碰到一点困难就打退堂鼓，要么暂时搁浅了自己内心的小目标，这些做法都是不可取的。

方法定制

如何设定自己的目标呢？我们可以借鉴美国现代成功学代表人物安东尼·罗宾的方法。安东尼·罗宾曾说：“成功的秘诀就是我们知道目标，找出好的方法，起身去做，观察每个步骤的结果，不断修正调整，以达到目标为止。”

他有一个“必定成功公式”，将目标细化成多个步骤和方法。具体如下：

1．目标明确

我们在设立目标时，目标必须是明确的、可达到的、可衡量的，否则，只能是笼统、空泛的妄想和大话而已。

2．制订实现目标的期限

没有期限，就等于没有目标。期限，是衡量目标进展，激发我们向目标不断前进的压力。

3．确认实现目标的障碍，并依“难度”设定优先顺序

确认障碍，是为了有备无患，从容不迫。那些成功者的每一次成功都要经历很多障碍，也就是说，达成目标的过程，其实就是我们克服障碍的过程。

4．找出解决障碍的方法

关键性障碍应找出不低于五个解决方案，其他每个障碍都要找出解决方法。

5．制订实现目标的计划

一旦确定了目标和实现目标的方法，就要制订每年、每月、每周，甚至每天的计划。计划，就是目标分解一览表。

6．根据我们的目标马上行动，现在就做

没有行动，再好的计划也只是白日梦。常言道：“心动不如行动。”再美好的梦想与目标，再完美的计划和方案，如果不能尽快在行动中落实，最终只能是纸上谈兵，空想一番。若是职场人心中已经拥有了一个自己的小目标，不妨试着开始行动，哪怕这一过程十分艰辛，只要你想去做，又有谁会真正拦得住你呢？

深度思考

2015 年 4 月 7 日，一代飞人刘翔在微博中宣布正式退役，随着刘翔缓缓

点下微博上那个“发送”的按键，属于他的一个跨栏时代正式谢幕。作为中国最伟大的运动员之一，体育迷们纷纷对刘翔如何能够走向成功抱有一丝好奇。其实，早在 2004 年时，刘翔就在他的自传《我是刘翔》中谈到过自己成功的诀窍：“我心里始终为自己制订一个赶超目标，一个目标接着一个目标往前超越。”

1998 年，15 岁的刘翔在一次田径比赛中被跨栏教练方水泉看中，方水泉向懵懂的刘翔抛出了加入跨栏队的橄榄枝，刘翔欣喜地拜在方水泉的门下。当时，跨栏队里有一个叫作沈真声的运动员，在刘翔入队的当年，沈真声获得了世界中学生运动会 110 米栏项目的冠军。

刘翔将他视为自己超越的目标，苦练一年多，刘翔终于在 2000 年的全国田径大奖赛南京站的比赛上超越了他的师兄沈真声。

随后，刘翔又把下一个目标锁定在称霸全国乃至亚洲近六年之久的陈雁浩身上。经过一年多的不懈努力，刘翔击败陈雁浩。接下来，刘翔开始留意世界冠军阿兰·约翰逊。在长达三年的艰苦努力之后，在 2004 年日本大阪举行的国际田联大奖赛上，刘翔终于第一次战胜了约翰逊，成为世界冠军。从此，世界男子 110 米栏项目进入“刘翔时代”。

刘翔在通往成功的道路上给自己立下了多个小目标，正是逐步实现这些力所能及的小目标才让刘翔在田径界闯出了一番属于自己的天地。刘翔用他的亲身经历告诉人们一个道理：“树立目标要看得见，够得着，才能成为一个有效的目标，才会形成动力，帮助人们获得自己想要的结果。”那么，在工作中，你的小目标又是什么呢？

面对即时获取的海量信息，我们学什么

在信息繁杂的时代，我们选择学习哪些内容，决定了我们今后的职场成就。

跨入21世纪，我们不知不觉进入一个信息大爆炸的时代。在我们的工作中，每天都有大量的信息通过各种媒介渠道涌入我们的视野，这使我们的观察范围前所未有的扩大。

然而，信息是一把双刃剑，海量的信息不仅给予我们工作上的帮助，不断增加着我们对于自身行业的认知，但也会使我们在海量的信息中迷失自我。热爱上网的人几乎都有这样的体验：面对漫天遍地的信息时，我们的身体永远都不会缺少新鲜刺激的感觉，然而当这些信息穿过我们的思想，除了几个模糊不清的画面，我们只收获一身的疲惫。

老王是一所民办大学的副教授，老王其实不老，只有50多岁，这个称呼是一群调皮的学生给他起的绰号，在称呼老王时，这些学生往往还会在“老王”前面加上“隔壁”两个字。

刚学会上网的老王像个蹒跚学步的孩童般对网络世界充满了好奇，上网浏览，上网聊天，上网看球，等等。各种各样的资讯每天如同花蝴蝶一般围绕着老王，让这个互联网的初学者眼花缭乱。

和很多网民一样，老王也不知不觉陷入了网络之中，不可自拔。他每天花在电脑上的时间越来越多，有时上网只是想找一些教学上的资料，却无意中被网页上其他的信息所吸引，然后会顺着网络上的超链接无休止地点下去，从新闻类资讯点到历史类资讯，再从历史类资讯点到体育类资讯，就这样不知不觉中几个小时就过去了，不但想找的资料没有找到，长时间的快速浏览之下，很多知识也没有记住，可谓过眼就忘。除了眼睛干涩和身体的疲惫，老王似乎什么收获也没有。

在工作中，经历过老王这种情况的大有人在。也许很多人上网前是带着清晰的目的，比如：收发工作邮件或者找一些工作相关的资料，却在不经意间被看起来让自己更加感兴趣的事物所吸引。然而，高速的浏览之下，我们无法将这些资讯变为自己的知识，因为我们根本来不及记忆。更何况在娱乐资讯占据统治地位的时代，我们更多时候接受的是那些一点作用也不起的无用信息。

或许有人会说，鼠标不是一直都在我们手中吗？我们在收获信息时至少有自主选择的权利。但是更多的时候，我们会发现，虽然我们握着鼠标，不停关闭一个又一个无聊的八卦新闻，但不经意间总有那么一两个吸引我们的标题，促使我们不由自主地点开了网页，然后耐心地读了起来；然后感到意犹未尽，紧接着再次点开一个类似的网页。就这样，我们浪费了很多提升自己工作能力的时光。

很多时候，当我们获取新的资讯时，经常不是根据个人的兴趣、工作的需要进行选择。我们不加分析、理解、取舍而“照单全收”，最终导致了资讯对我们的严重伤害。

其实，我们完全可以从资讯的焦虑中完成“自我救赎”，将自己全身心地解放出来，并以自己的方式去看待和处理问题，让资讯为我们所用。

方法定制

面对海量的学习资源，我们无法做到“全盘接收”，因此我们要根据自身情况合理地选择能够长远帮助我们的学习内容，即要学习新知识和新技能，或是新思维。根据自己的需要，我们可以将自己想学的知识划分为三个种类——知识、技能和思维。

这三类学习能够给我们带来不同的能力。

1．知识类

知识类的内容是工作中每个员工要掌握的最基础的一类学习内容，它可以帮助我们认识工作上的一些陌生的事物。例如，一个 IT 从业者需要不断学习相关的程序英语单词、程序命令语句等，这些内容可以让他快速了解一些信息。

2．技能类

技能类的学习内容指实际应用能力，更多强调的是对一个技能的理解及调用的能力。例如，一个 IT 从业者独立编写一个程序或查找 BUG、设计补丁等。这类学习内容，可以让从业者在掌握相关知识的基础上学会实际操作的技能。

3．思维类

思维类的学习内容能够大大提升我们的认知能力，比如：学会如何学习、情绪管理、逻辑思维等。这类技能一旦掌握，也将会在其他领域给我们带来极大的帮助。

在学习上，怎样才算是明智之举呢？我们举一个例子，有三个 IT 程序员：

A 程序员经常学习程序英语单词、程序命令语句、如何快速提高编码速度等知识。

B 程序员经常学习设计方法，并在学习案例后亲自设计练习。

C 程序员经常学习设计原理，研究国内外知名软件的设计方案，并分析这些设计背后的原因和目的，提升自己的设计大方向，并应用到自己的设计工作中。

我们可以看到，A 程序员学习的内容最容易，门槛也最低，所以竞争力最低，只能在团队中当个“码农”；B 程序员通过不断练习提高自己的设计技能，完全可以胜任大多数软件设计工作，所以他跟 A 程序员一下子就拉开了距离；而 C 程序员不断提升自己的行业敏锐视角，思考未来能够流行的软件内容，相比之下 C 程序员的能力一下子就突显了出来。

这个例子告诉我们，平时在工作中对知识类的学习内容，与自己工作无关的就要忽略掉。知识类的信息很多，很多职场人士都将大量的时间投入了这类信息中，最后发现获取的知识与自己所付出的时间不成正比，结果导致自己情绪焦虑。

技能类的学习内容，主要挑选对我们工作有帮助的，一边学习一边实践，否则也是浪费我们的宝贵时间。

对职场人而言真正应该花时间学习的，就是思维类的学习内容了，这些内容虽然学习起来不那么快，并且需要不断积累，但沉淀后的我们会在残酷的竞争中变得与众不同，无可替代。

深度思考

英国某家报社曾做过一个有趣的数据统计：“今天一份《纽约时代》上的内容比 17 世纪一个普通英国人一生经历的还多。”无疑，这是一个资讯遍地的时代。相信面对海量资讯，如何快速筛选有用的信息，成了工作中让很多人头疼的一件事情。在日常的工作中，你是否也曾在面对大量的信息时感到迷茫，请结合自身的工作经历，思考一下信息时代为工作带来的好处和坏处。

如何持续提升你的学习能力

“人有知学，则有力矣。”可以说，学习力就是竞争力。要想成为优秀的职场人，就必须不断提高自己的学习能力。

我们都知道“学如逆水行舟,不进则退”的道理。在如今飞速发展的社会中，很多职场人士都提倡每天坚持学习，这些人认为哪怕每天只学半个小时，慢慢积累下来，所取得的成就也能让他人惊叹不已，才有可能让自己在今后的工作岗位上逆袭成王。

2008年，高考落榜的李城为了不给家里增添负担，拒绝了父母让他复读的建议，开始四处打工。虽然每天工作很累，但李城一直没有放弃自己心中的那个大学梦。2012年，李城辞掉了全职工作，来到中央美术学院做了一名保安，半工半读，决心考进美院。

从保安到美院艺术生，这画面似乎太美，美得让人不敢相信，但李城不以为然。在他当保安期间，除了每天值班外，大多数时间他都抱着资料自学。李城每个月做保安的工资并不高，除去吃饭和补贴家里，剩下的钱他几乎都用来买学习资料。

为了练好自己的英语口语，咬准每一个字音，每天下班后，李城都会一个人来到外国人聚集较多的公园，坚持用发音不标准的口语与“老外”对话。不到半年时间，李城的英语口语就已练得炉火纯青，英语水平也提高了一大截。

李城的住处距离学校很近，休息的时候，他也会到学校里听课，听讲座。很多老师和同学都认识他，也不拦他，就这样他游走于各个教室内一听便是五年。五年来，李城看着很多学生离去，唯有他自己依旧每天在学校上班，听课。

李城凭着心中的这份决绝和勇气，2017 年 7 月，他以全国美术专业第八的成绩被中央美院录取。

绝大多数职场人士都明白“学无止境”这个道理。可当我们结束了一天繁忙的工作后，晚上陪家人吃饭、陪孩子做游戏，不知不觉中我们就没有了学习的时间。陪同家人、增进感情本是一件无可厚非的事情，但学习对我们自身的发展也很重要。在这种两难的情况下，我们要想做到两全其美，就需要合理地安排好自己的时间，既能陪同家人休闲娱乐，又能保证自己的学习不被耽误。

面对这种情况，我们可以考虑碎而灵活的时间运用法，在明确整体学习目标的基础上，合理规划每天读书充电的时长，学习的时间段则不做特定限制。

方法定制

在工作中，如何快速而持续地提升自己的学习能力？

1. 明确整体目标和阶段性目标

在我们想要学习某项专业之前，必须要明确学习的整体目标，进而将整体目标分解为若干个阶段性目标。例如，30 天学完一个系列的电子课程即是学习的整体目标，那么每周必须学完四分之一的电子课程则是阶段性目标。

2. 10分钟的学习内容安排30分钟的学习时间

比起在校的大学生，职场人的学习更容易受到外界因素的干扰和影响，导致无法集中精力学习,并且在学习的过程中会产生较大的压力。面对这种情况，通常很多优秀的职场精英都会为自己安排宽松的学习时间，不但有利于缓解自身的学习压力，学习效果也会相对较好。

3. 养成持之以恒的习惯

对于一直抽出时间集中学习的职场人士而言，最初接触这种分割整体学习目标的方法很难适应。因为我们并不习惯这种学习方式，因此，我们要认真对待这种学习方法，并让它成为自己生活中的一种习惯。

4. 选择适合自己的学习方向

其实，决定职场人学习能力好坏的因素往往不是时间，而是适合自己的学习方向。作为已经步入社会的职场人，相信我们都能够在学习上拥有自己的想法，知道自己需要学习的知识是哪些。正因如此，我们常常在学习中出现这样的困惑："需要学习的知识有很多，但时间有限，应该优先学哪个呢？"在这种困惑下，我们常常可以看到一些职场人会犹豫不决，浪费了不少时间；同样也会看到一些职场人会一下子选择很多课程或知识，结果常常是耗尽自己的精力，却一事无成。

我们应该在选择时保持理性。对于职场人而言，选择的学习项目和目标一定要能为我所用。如果自己选择学习的知识在未来两年之内用不到，这些知识就很容易被我们遗忘，进而失去学习的意义。

深度思考

孔子曾在教导他的弟子时说："学而不思则罔，思而不学则殆"。这句话的意思是说："一味读书而不思考，就会因为不能深刻理解书本的意义而不能合理有效利用书本的知识，甚至会陷入迷茫。而如果一味空想而不去进行实实在在的学习和钻研，则终究是沙上建塔，一无所得。”这句话告诫人们只有把学习和思考结合起来，才能学到切实有用的知识，否则就会收效甚微。请反思一下你自己，在学习的过程中融入更多的思考了吗？

深度实战：从“前台小妹”到阿里巴巴资深副总裁——童文红的职场逆袭

由马云一手缔造的阿里巴巴是一个创造奇迹和汇聚牛人的商业帝国，同时也可能是全世界女性高管人数最多的公司，从人们熟知的蚂蚁金服的彭蕾，到首席客户服务官戴姗，再到首席人才官蒋芳……在马云的 27 位合伙人中，有 9 位是女性。难怪马云会说：“阿里巴巴成功的秘诀之一，就是我们有许多女性员工”。

在阿里巴巴众多的“女将”当中，在 2000 年加入阿里巴巴的童文红女士经常会作为阿里的发言人出现在媒体的面前。相比其他合伙人的成长经历，这个当过“前台小妹”的童文红无疑最具有传奇色彩。

加入阿里巴巴之前，童文红曾有过 7 年物资贸易的经验，但当时的阿里巴巴没有淘宝，也不做物流，让童文红的经验一下子失去了用武之地。因此，不懂互联网的童文红在阿里巴巴的第一份工作只能是在前台做接待工作。

在阿里巴巴工作的老人都见识过童文红工作中的认真细致：她会提前将铁路车次时间表发给将要出差的同事；她会主动安排咖啡吧进一些冷饮帮助同事消除炎热的酷暑；也会在阿里巴巴客服忙碌时帮助一些客户解答一些她所知道

的基本疑问……一年多之后，彭蕾找到童文红，希望她去做行政部的主管。

经过两天一夜的认真考虑，童文红决定接受这个挑战。童文红抱着在一件事情上做到极致的态度，开始了行政部主管的工作。

童文红在行政部的几年里，打过几场硬仗。其一，她主持了第一届西湖论剑，这是作家金庸先生助阵阿里巴巴召开的一场网络峰会。第一次举办这种类型的活动，对于童文红来说变化多，压力大。好在团队给了她很大支持，终于完成了任务。之后，无论是西湖论剑还是网商大会，她都可以坦然应对了。

随后童文红接下了装修创业大厦的工作，对于童文红而言这是一项十分艰巨的任务，因为她对于装修不太“感冒”，用她自己的话来说：“连自己家的装修都没怎么管。”当时童文红所带领的整个团队没有一个是装修方面的行家，仅是在买电梯之类的问题上团队就转来转去，商量很久。

但童文红还是硬着头皮一干到底。在施工的过程中童文红边干边学，学会了控制项目进度和质量。众所周知，装潢的灰色利益很高，可面对一沓又一沓的百元大钞，童文红岿然不动，并查获了一些团队中贪腐的成员。

非典时期，童文红负责和领导沟通，负责和保安联络，负责紧急疏散设备安装，还要负责安慰处理部门里发烧的人……她每天除了工作，就是学习，连睡觉的时间都没有。

几场硬仗打下来，一点专业知识都没有的童文红逐渐走向成熟，成为马云坚实的左膀右臂。

2017 年 5 月，《福布斯》发布了 2017 全球变革者榜单。身为菜鸟网络的董事长，童文红与全球 30 名卓越的企业家共同上榜。《福布斯》在给出的上榜理由中称：“童文红掌管着一张巨大的协同物流网络，为阿里巴巴及社会各界服务。她曾经在阿里巴巴多个岗位历练，现在她已经是大师级的人物，她负责的物流数据平台每天支撑着 5700 万个包裹的递送。”

面对媒体的聚光灯，童文红十分优雅地分享了自己这些年的工作心得——

“无论为谁打工，要为自己学东西，客观上为公司创造价值。我自己当年，无论我在方正给国内企业工作，还是我在雅虎给外国人工作，我都跟别人想的不一样，我从来不觉得我在给他们打工，我真的可能是很有自信的人，我觉得我在为自己做事。因为我在做任何一件事时首先考虑的是，通过这件事我能学到什么东西，学到的东西是别人剥夺不走的，客观上可能给公司创造了价值。离开学校之后，学习不再是上课也不是读书，而是通过你在工作中所做项目积累自己的经验，跟很多人打交道。因为我有不服输的性格，再普通的事我要做得比别人好，大家做得很普通我要做得跟大家不一样，要做到超出大家想象要花很多时间和很多努力，但最后我发现我的收获是最大的，因为我下了功夫。”

正如童文红所说，“无论为谁打工，要为自己学东西。”童文红从一个阿里巴巴的前台做起，用了 17 年的时间，在学习中不断成长，最终取得了今天的辉煌成就。身为职场人，我们除了对童文红女士报以敬佩的目光之外，还应学习她在工作中坚忍不拔的学习态度。试想一下，如果将现在的我们放到当时她的位置上，没有搞过策划，没有学过装修，也没有干过运营，我们是否能像童文红女士那样投入自己的全部精力去学习这些我们不感兴趣但对工作有所帮助的知识，我们是否能够学有所成，学以致用？相信很多人在思考这些问题时心里多少打起了退堂鼓。

作为新时代的员工，我们不但要在工作中实践、强化自己的知识，更要在业余的时间里提升自己的知识体系，不断学习。如果我们满足现状，不思进取，不拓展学习，即使得到领导的赏识，自身没有能力去胜任工作，也是无法获取心中想要的成就的。

第 12 章

管理好你的精力，
深度工作需要超级精力

Deep Work Rules

你理解的休息是什么？一次狂欢？一场电影？还是一次游乐场的彻底放松？

真正的休息能够帮助我们消除疲劳，放松神经，当你重新投入工作与学习的时候觉得又是一个电力无限的“蓄电池”。最好的休息项目是那些让我们重新找到生活和工作热情的活动。如果你平时的休息方式并不能为你带来这些，那么，无论这些活动的名字听起来有多轻松，其实都是一种错误。抛弃它们，让我们来一场休息的革命吧！

有效平衡生活与工作精力

世界上所有的生命都在微妙的平衡中生存。

20 世纪 80 年代，一部名叫《Koyaanisqatsi》的纪录片在德国上映，这部纪录片的片名出自印第安语，有疯狂、混乱、失去平衡、崩溃和另类生活的含义，翻译成中文即“失去平衡的生活。”这部纪录片的主题反映了现代工业对于人类生活的影响。在现代社会越来越残酷的竞争中，原本安逸的农耕文化生活被工业生产的汽笛声打破，每个人的生活和工作方式都发生了天翻地覆的改变。人们在工业丛林中迷失了自己，在现实与幻想、工作与生活中难以掌握巧妙的平衡。

在美国很多大公司里都有一个叫作“想象完美的一天”的心理练习——在一个干净温暖的房间里，放点美国乡村音乐，在舒缓的音乐中让员工冥想自己五年后最想要的完美人生。有一位员工将自己在练习中想象的画面用文字记叙下来，并传到“推特”上。他想要的生活是这样的：

经过长达八小时的充沛睡眠，我在电台广播声中苏醒过来。在我旁边艾迪（一条温顺的金毛）轻轻摇着它的尾巴向我示好。我穿上衣服在小区的街边慢跑，随后在街角的快餐店购买一家人的早餐，在孩子上学之前为他准备好他最爱的牛奶和小熊饼干。一家人围坐在桌子前，一起吃着早餐。

随后我送儿子到不远的校车站牌前等车。等到儿子上了校车之后，我再开车去自己的公司上班。我不是第一个到公司的，但感谢上帝，我也并不是最后一个。上午的时候我们在会议室里一边喝咖啡一边和团队其他成员谈创意。中午约了一个商务伙伴共进午餐。下午则处理一些工作上的电子邮件，然后继续和团队讨论上午没有结束的话题，同时敲定最终意见。

下午五点半准时下班，我带着泳裤去公司附近的健身房游泳。晚上七点半之前按时回家吃饭，然后看一场洋基队的比赛，再刷一会“推特”，随后在舒缓的音乐声中拥吻着妻子睡去。

然后我算了一下，完成这一切可能需要48个小时。

在这篇“推特”的评论中，多数人都将评论的重点指向了他的最后一句话“完成这一切可能需要48个小时”。工作和生活之间总有一个平衡点，很多时候，来自各方面的压力让我们不得不过多地顾及了工作而忽略了生活。

方法定制

如何让生活和工作这个跷跷板平衡呢？其实，像上文在“推特”中男子所想象的生活在现实中是完全有可能实现的。不过首先，我们需要尝试着将自己的生活拆开。

也许，正常情况下我们无法在一天当中完成他脑海中的“完美的一天”，但我们可以用“完美的一周”来实现他的这个心愿。例如：周一去健身房，周二看比赛，周三看场电影，周四吃完晚饭陪家人散散步，顺便遛遛他的“艾迪”。

然后每隔一段时间，专门学习一项所感兴趣的技能，然后认识一群志同道合的人，与他们开一个疯狂的派对。或在一年内计划每个礼拜去两次健身房跑步或是游泳，每个月和爱人离开家约会一次，每个季度抽出几天长假陪陪孩子，帮助他们完成一件他们特别想去完成的事情。

依靠这种方法，或许我们无法拥有完美的一天，但可能有挺好的一周，不错的一年，继而拥有完美的一生。我们会渐渐发现，失衡的状态会渐渐好转。但关键是我们要去行动！当我们能真正使生活和工作平衡时，就会非常轻松地达到深度工作的状态，取得最佳的工作效果。

深度思考

杰克·诺森是纽约一家大型连锁超市的管理人员，两个礼拜前他终于下定决心辞去工作。因为长期的工作压力已经对他的健康产生了严重的威胁。过去，诺森非常热爱自己的工作，但行业的竞争让他不得不加班加点的工作，以求更好地完成销售任务。这使得他和家庭的关系开始变得紧张，因为他很久都没有陪家人一起开车去野外兜风了。

诺森的血压也逐渐开始升高，最终他做出了离职的决定，到新泽西当了一名中学教师，那里是他母亲的故乡。诺森辞去超市工作的时间并不长，但奇迹的是他的血压已经恢复正常，诺森不由感慨地说：“虽然过去的薪水要比现在高出很多，但我可不愿意开着法拉利去送死。”

结合诺森的工作经历，谈谈自己对于工作和生活平衡的理解，若当你在工作中一直处于高压的状态下，你会如何平衡自己的生活？

见缝插针，利用碎片时间休息

谁不会休息，谁就不会工作。

工作中，每时每刻，我们都有可能主动或被动地接受来自外界的打扰，很多人在每天工作的时候越来越难拥有一整段不被打扰、完全属于自己的时间！

这让很多人常常发出这样一个感叹："好想能在高压的工作中休息一下，但是没时间啊"。于是他们常常发出这样的愿景："等这个项目结束了，时间充足了，我一定要睡个懒觉"。

然而，当我们结束了手头的项目后，却发现我们每天的时间依旧被各种各样的事情填满，重要的、不重要的、琐碎的，仿佛我们永远在忙碌中，没完没了！

因此，面对这样一个事实，我们必须在工作中养成一种意识：在时间利用上，必须学会见缝插针的休息。

雪莉是Google公司的一名工程师，每天早上九点，她会准时到达公司，然后给自己冲上一杯咖啡，接着到楼上的自助餐厅享受免费的营养早餐，大约九点半的时候，便会坐在电脑前工作。

十二点十五分，雪莉会离开办公室。美美地饱餐一顿后，如果没有什么要紧的工作，雪莉通常会戴上耳机，随着轻音乐进入个人世界，放松疲惫的大脑。短暂的休息是雪莉每天必不可少要做的事情。如果实在睡不着，雪莉则会打开Google内部的一个网站，动动手指玩一会益智类的小游戏，然后继续投入紧张的工作当中。

到了下午三点半的时候，只要不是会议时间，无论工作多忙，雪莉都会给自己冲上一杯咖啡，然后起身走进休息室躺一会儿。大约20分钟，恢复精神的雪莉以一种高效率的工作状态开始处理剩下的工作。

下午六点半，Google员工开始陆陆续续地离开工作岗位，有些员工直接开车回家，跟家人共进晚餐。而另外一些单身的员工则会走进Google自助餐厅，吃饱后再回去，免去了自己做饭的苦恼。雪莉是后者，不过通常雪莉会先倚着座椅假寐半个小时，等到差不多七点钟的时候才往餐厅走去。雪莉这么做一是为了躲避员工就餐的高峰期，二则是为了自己能有更好的精神开车回家。

在Google，像雪莉这样选择张弛有度的工作方式的员工占了公司的70%，这些员工在工作中感到疲惫时，就会抽出一些碎片化的时间，用自己喜欢的方式进行休息，而不是让自己陷入一整天都在工作的疯狂状态中。

很多时候，我们会持续面临高强度工作，这会加重我们的疲劳感。在这种高压的工作环境下，我们要学会主动休息，不要等到身心疲惫再休息，这种休息效果往往不明显。即便工作环境不允许我们睡觉，我们也可以利用这段时间进行其他方式的短暂休息。

方法定制

如何有效地利用短暂时间进行充分休息？

1．离开当前的环境，闭目养神

在工作的过程中，不管我们是在脑力工作还是干其他的体力活，当我们感到疲惫时，如果不能卧床休息，就赶紧离开当前的环境，找个安静的地方闭目养神，哪怕只有短暂的几分钟。因为，只有离开当前的环境，才不会让我们的心境受到环境的困扰。

2．听愉悦舒缓的轻音乐

累了的时候，或者特别是当我们的神经过于紧张的时候，听上一段愉悦舒缓的轻音乐，会让我们紧张的神经快速得到放松。

3．按摩

无论是脑力劳动还是体力劳动，累了的时候，可以通过按摩的方法来休息。比如，自己掌握一些简单的按摩方法，按摩头脸或者身躯。

4．静坐发呆

这同样是一个十分简单的方法，我们只需要找一个安静的地方，屏蔽掉外界干扰，什么也不做，就能达到非常好的休息效果。

对于职场人而言，无论工作是否繁忙，我们都应该学会短暂休息；否则，长时间工作，不但效率低下，而且更容易疲劳，甚至出差错。无论怎样，工作始终都是要我们自己去做，如何把工作做到最为充实，把工作做到最有效率，责任只属于我们自己。身为职场人，我们要善于利用碎片时间见缝插针的休息，以更好的工作效率，迎接工作中的每个难题。

深度思考

在美国棒球大联盟的历史上，康尼·麦克是个不折不扣的传奇人物，作为球队的“关键先生”，他身负重任。为了在赛场上保持良好的精神状态，麦克每次比赛之前，都会在球队的巴士上打个盹。这已经成为麦克的习惯，哪怕从酒店到比赛场地只有十分钟，麦克也会在一上车的时候就将自己的帽子拉低，让自己进入一个休息的状态当中。

麦克之所以能够成为球队的主力，与他在比赛中的出色状态有关，而他的秘诀就是比赛前利用碎片时间保持良好的休息。在工作中，我们也会像麦克一样，每天拥有一些短暂的碎片时间。面对这些工作中的空隙，我们要如何快速休息，这是每个人需要思考的问题。

深度睡眠：心无压力再上床

劳作后的睡眠，仿佛经过风浪后抵达港口，给人以极大的安慰。

在日常生活中，每个职场人或多或少都经历过睡眠少的困扰：加班、聚会、追剧等各种原因导致熬夜，或躺在床上却无法入睡。睡眠不足，不但会给我们的身心带来许多伤害，而且还会严重影响工作和生活。比尔·盖茨追忆其自己的经历时曾说："几乎每一次严重失误都是在我睡眠不足的情况下发生的。"

2012 年伦敦奥运会上，比尔·盖茨观看比赛的照片成为网友讨论的热点。尚未到花甲之年的盖茨提前进入了衰老的状态。有网友将比尔·盖茨 2007 年到 2012 年的照片放在一起，以此显示盖茨的衰老速度。很多人在网上猜测比尔·盖茨快速衰老的原因，最终人们将矛盾指向了一点，那就是睡眠不足。

众所周知，比尔·盖茨少年成名，与朋友合伙创建微软，并数年蝉联“世界首富”的宝座。比尔·盖茨在计算机方面很有天赋，13岁时就开始自学编程，仅用了不到三年时间，就在IT业小有名气，很多企业纷纷慕名而来，希望从比尔·盖茨这里寻求编程上的帮助，那段时期盖茨经常通宵编程，每天的睡眠非常少。成立微软之后，盖茨在睡眠上的时间更加稀少，每天只睡不到四个小时，醒着的时候他都会参与软件的编程工作。长期以来作息不规律，让盖茨染上了失眠的习惯。

在2007年博鳌亚洲论坛和西雅图微软战略合作伙伴高峰会上，盖茨便曾多次坦言自己患有严重的失眠。当被问及这些年在创业中有没有历经磨炼得来的教训时，他回答说是熬夜：“即使再令人激动也不要睡得太晚，否则你早上会后悔。”虽然认为熬夜不好，可遗憾的是，盖茨始终没有更改自己的这个习惯，因此在他不到60岁的时候，衰老找上了门。

除去一些工作狂和企业家，绝大多数人的一生都会在睡眠上花费差不多三分之一的时间。根据年度《世界卫生统计报告》，中国人的平均寿命大约为76岁，也就是平均每个人的一生有25年零4个月的时间都在睡觉，这是一段很长的时间，然而令人遗憾的是，很多人并没有珍惜自己的睡眠时间，这并不是说很多人为了看比赛通宵熬夜而放弃了睡眠时间，而是说很多人在睡眠中，并不能有效地形成深度睡眠，不懂得睡眠的方法。

有医学家表示：“优质睡眠的关键不是睡眠时间，而是深度睡眠。隔天起床后的精神状态是初步衡量睡眠是否足够的标准，而睡眠品质的高低取决于你是否能快速进入‘深度睡眠’状态，以及是否能拥有长时间的深度睡眠。”

国际睡眠医学学会将睡眠分为五个阶段：入睡期、浅睡期、熟睡期、深睡期和快速动眼期。每个人从入睡期到快速动眼期为一个睡眠周期，如此反复，每夜我们要经历四五个睡眠周期的交替。在一整晚的睡眠时间中，深睡期所占比例很少，却是我们真正有效的睡眠“黄金时间”。这是由于当人们处在深度睡眠时，脑波的活动频率降低，是大脑真正获得充足休息的阶段。

因此，提高深度睡眠才是每个职场人士最正确的休息方式。

方法定制

当我们每天睡觉时，或多或少都会有翻身或者移动身体的情况，因此睡床的最理想宽度应是我们肩宽的 2~3 倍，而长度在 190~210 厘米，这个范围可以令我们睡得很舒服。除此之外，床垫应考虑其软硬度、弹性及透气等性质，最重要的是能够保护腰椎、平均地承托整个人的体重。床铺硬度宜适中，过硬会使我们时常翻身，难以安睡，醒后周身酸痛，而太软则影响我们脊椎的正常发育。

要想提高睡眠质量，必须注意入睡时间。能进入深度睡眠的入睡时间是凌晨 2 点到 3 点半，中午 12 点到 1 点半以及晚上 9 点到 11 点。这时，人体的精力下降，反应迟缓，思维减慢，情绪低下，利于人体转入深度睡眠，以进入甜美的梦乡。作为职场人，如果在条件允许的情况下，我们可以利用午饭后的那段时间养成午休的习惯，而不是吃完饭后拿起手机刷微博、玩游戏。下班后，如果没有特殊的事情，我们应该保证每天晚上 11 点之前准时上床休息，为第二天的工作储存精力。尤其是那些工作中需要运用强大脑力的职场人，一定要保证自己每天拥有 8 个小时的睡眠。

另外，在睡眠时间上，我们要掌握适量的原则，以“恢复体力和精神”为标准，而不是越长越好。相信很多平日睡眠不足的职场人，都喜欢将周末的赖床当成自己每周的“保留节目”，可是在医学中这并非是个良好的习惯。生活中，适量的“补觉”可以视为对人体的一种“补偿”，有助于恢复充沛的精力，但如果睡觉时间过长，身体组织长期僵持不动，反而会引起腰酸背痛、全身乏力。因此，睡眠重在平时，并不能完全寄托于周末“补觉”，结果可能适得其反。

对职场人来说，每天面对巨大的工作压力，并不轻松。因此，我们要学会让自己得到一个舒适的睡眠体验。休息前，我们要尽量将自己放空，把心底的那份重压暂时从我们的睡意当中踢开，忘记那些让我们烦躁焦虑的工作，早早上床休息。等到第二天，我们会发现自身精神饱满，一些平时困扰自己的问题也会迎刃而解。

深度思考

戴维・希尔伯特是德国著名的数学家。他视时间如生命，工作表总是排得满满的。身为数学家的他，总是按自己的流程做事。

一天晚上，希尔伯的夫人为他特别办了一个生日宴会，邀请了许多客人。一切准备完毕，眼看客人就要到了，夫人忽然发现希尔伯特还穿着平时的旧衣服，赶紧催促道：“快去换套衣服，换条领带！快点！”

希尔伯特被夫人赶到了二楼。

晚会准时开始，希尔伯特还没有下楼。夫人心中非常纳闷，心想：“怎么换件衣服时间这么长？”

夫人上楼去看，结果发现希尔伯特已经进入了梦乡。原来对希尔伯特来说，每天自己上了二楼，下一个流程就是睡觉。

良好的睡眠可以改善人们的精神状态。很多人在忙碌了一天之后，回到家中精神状态还是紧绷着的，因而即便身心疲惫，还总是失眠。希尔伯特在数学界被誉为“无冕之王”，他每天需要攻克的课题繁多，但他每天一旦上了楼总能按照“流程”安稳睡去，可以说这是他养成的一个良好习惯。那么我们能否像希尔伯特一样也养成这种“沾床就睡”的好习惯呢？

做到真正的劳逸结合，而不是偷懒

在工作中燃烧自己并不是指一味地透支身体，即使是“工作狂”也有疲劳的时候，我们只有做到劳逸结合，工作时才能事半功倍。

职场人要想达到深度工作的状态，高效率地做事，就要懂得劳逸结合。劳逸结合需要自制，需要合理地安排时间。然而，在实际工作中，劳逸结合则成了有些人的一种幌子。

“多多，明天周末，正好赶上圣诞节，咱们开车去海边玩啊？”

“还是不了，我手里的项目还没做完，等做完了吧？”

“哎呀，做完得等到什么时候？你没听过什么叫劳逸结合吗？正好你最近这么累，不如一起去放松一下。”

“那好吧，我请吃饭，再叫上几个在秦皇岛的老同学，大家一块去，不醉不归！”

这段对话的内容相信所有职场人都不会感到陌生，很多职场人在工作的间歇总是喜欢叫上三五个朋友 Happy，美其名曰“劳逸结合”。久而久之，很多职场人对于这种行为都产生了一种误解：所谓的劳逸结合就是在自己感到累的时候，放下一切工作，胡吃海喝一顿，完全地放纵自己。我们应该扪心自问，“手里面的项目还没有做完，有什么心情和资格去放纵自己？”

很多时候，我们口中的“劳逸结合”只是我们为自己的偷懒而找的最佳借口。其实，劳逸结合并不意味着不停地玩而放弃工作，而是指要有效率地做事，并能很好地利用休息和空余的时间。这样，我们才能更好地工作，同时工作效果也会更高。

方法定制

很多刚步入职场的新人总是认为在国内工作量繁重，竞争压力大，以为出国工作可以轻松很多，其实不然。在国外，很多职场人为了能够晋升到自己理想的职位，往往要牺牲很多睡眠时间，有时候一些执着的白领每天甚至只睡四五个小时。

可为什么在国外的工作生活会给我们留下如此轻松的印象？那是因为他们一直秉承着“Work hard，Play hard”的理念，这句话翻译成中文就是“玩的时候就痛痛快快地玩，工作的时候就认认真真地干。”

而我们大多数职场人的想法却是“工作的时候想着玩，玩的时候想着如何能玩的时间更长”。其实工作中，适当的忙里偷闲能够帮助我们调整心态，飞得更高，但这并不意味着我们可以无休止的“忙里偷懒”。

作为职场人，要想取得更高的成就，就要懂得该做什么的时候做什么。无论生活还是工作，都需要讲究劳逸结合，有张有弛。该努力时拼命努力，该休息时尽情放松。这样才是最聪明的做法。

所以，我们在工作的时候就要全力以赴、尽心尽力，都充分地利用每一秒，力求高效地完成任务。而当事情做完时，就要给自己放个假，去做些自己喜欢的事。这样，看似没有把所有的时间都用来工作，但是，这样做的效果要比我们花费全部时间来工作要好得多。

深度思考

在“闯荡英伦”的论坛上，一个在英国工作的职场人分享了自己在伦敦工作的体会。

他发现，身边的同事都比较“贪玩”。每天下班后，男士们都会成群地涌向酒吧，尤其是有英超比赛的日子，每个人一边喝酒一边为自己所支持的球队助威。当比赛结束时，同事会毫不留恋地离开酒吧，回到自己的住所写报表，看书，做 PPT，为自己的前途而努力。

而公司里的女同事也不仅仅只是过着公寓、公司两点一线的生活，她们同样有自己的兴趣，平时在一起也会研究一些诸如时装、化妆、潮流等与工作无关的话题。到了周末，这些女同事也会打扮一番，晚上出门和朋友们一起吃吃喝喝，或是抱着吉他去广场唱歌。

简单来说，他认为，他身边的同事从周一到周五，只要工作累不死，就往死里干；但当周末来临，大家会热闹地聚在一起，花样翻新地玩耍；只要玩不死，就往死里玩。

“该工作时工作，该玩的时候玩”应该是每个想要深度工作的人都应该掌握的本领，那么平时的你在工作中又是怎样的呢？是否还有更适合自己的方法？

学会“精力管理”，告别力不从心

精力充沛是高效工作的前提，唯有掌握精力管理的方法，才能持续工作，精力无限。

对很多职场人而言，或许都在心底萌发过这样一种困惑：“拥有一颗不甘现状的野心，却苦于没有时间和精力去实现自己的想法。”

“每当下班回到家的时候，我都感觉身心疲惫，什么都不想去做，真的没有精力再去读书或者学习了。”不可否认，很多职场人都有这种苦恼。我们常常会在忙碌了一天之后，打算晚上到家通过网络课程提升自己的专业知识，然而当躺在舒适的床上时，却发现自己身心俱疲，根本没有什么继续学习的精力了。

工作中，每个人的精力都是有限的，只要精神一直紧绷，精力就会不断消耗，当精力消耗到一定程度时，我们的身体就会出现各种不良反应、各种信号提示我们去休息，比如：打哈欠、坐立难安、心烦意乱等。如果我们在平时的工作中不注重这些身体信号，继续工作，我们的身体不但会透支，还会影响工作效率。作为现代职场人，在公司发展的路上只有一颗拼命三郎的心还不够，还得懂得如何合理地使用自己的精力。

方法定制

怎样才能在繁忙的工作中有效管理自己的精力？

1．学会蓄力，良性循环

现实中，如果一个人面对的工作压力太大，就很难做到给自己减压。日复一日的高压下，我们的身体会承受不住这样的煎熬。

很多时候，当我们每天刚一睁眼就会联想到一天繁忙的工作日程，虽然一个醉心于工作的职场人值得敬佩，但是每天的高压生活，会让我们陷入疲惫中"不能自拔"，得不偿失。

在职场精英的圈子里，一直流传着这样一句话："昨天的你，决定今天的你的状态。"

试想一下，如果我们每天在疲惫的状态下工作，用时超长，可效率低下，加班到十点只为处理完当天的工作。可是到了第二天，被闹钟叫醒的我们依然顶着黑眼圈，拖着疲惫的身躯投入新的工作，整整一天，步履沉重、大脑昏沉，我们还是无法在规定的时间内完成自己的工作。因此，还要通过加班来处理手头的事务。久而久之，这种不好的工作习惯会变成一个恶性循环。

对于很多职场人而言，每天加班带来的不只是身体与精神上的疲惫，还会有工作上的挫败感。

其实，我们完全可以换一种方式来进行高效工作。每天早起，为自己预留充分的准备时间，来到茶餐厅为自己点上一份自己喜欢的早餐，坐在橱窗前，懒懒地享受清晨的阳光，轻松而愉快地开启一天的工作，要知道在职场中充满生机的 8 小时远胜于身心疲惫的 16 小时。

另外，在工作中很多职场人都错误地评估了自己的效率，在很多不必要的小事上花费了太多的时间。我们要学会甄别自己工作上的小事，并逐渐地远离这些浪费时间的小事，合理分配自己的精力。

2．不要硬撑，心随境转

由于级别不同，不是每个职场人都有自己独立的办公室，更多的职场人会处于一个嘈杂的工作环境下。即便是在嘈杂的环境下进行很长时间工作的员工，也无法完全适应工作中令人反感的噪声，而要耗费比平时更多的精力专注自己的工作。

与其在噪声中无奈叹息，不如转变自己的心境，做出一个调整，利用一些不适合工作的间歇放下手中的工作，做几个深呼吸，让自己的身体放松下来，不要强迫自己继续做自己不喜欢的工作。

3．养成习惯，节省精力

在工作中，有一些职场人士下班后，仍会认真地想要实现自己的梦想，坚持着自己近段时间正在培养的习惯，或看书，或练习，或整理第二天开早会时所需的材料。但是很多人难以坚持下去，他们往往会将晚饭后想要做的事情故意遗忘掉，然后一屁股坐进柔软的沙发里，看着自己想看的电视节目。

当我们半途而废之后，在接下来的某天想要重新开始时，却发现很难再专心致志地去做某件事，无奈之下，只好再次将这个念头忘在脑后。

习惯的养成需要不断地坚持，需要毅力，是一个非常辛苦的过程。但是，如果真正养成了良好的习惯，则好处多多。它能让我们变得更加优秀，还可以帮助我们更好地节省精力。例如，当我们晚饭后养成了洗碗的习惯，那么在行动之前，我们就会少掉很多挣扎和思考的过程，从而把节省下来的宝贵精力用在工作上。

4．利己所长，善人之长

在很多职场人眼中，精力管理仅仅是对个人的管理，这种想法其实并不是很合理。因为很多时候，精力管理还会涉及“团队管理”。我们都知道团队由个人组成，个人精力的有限也决定了团队精力是有限的，而团队中每个人的精力管理直接影响到团队的精力管理。因此，作为团队的管理者，需要合理分配每一个成员的精力，将团队中每个人的优点发挥得淋漓尽致，这才是一个职场精英所应具备的能力。

深度思考

夜晚，一名游客在酒店大厅内四处搜索着什么东西。

一名酒店服务人员走上前开口问道：“先生，请问您丢失了什么？”

“我把结婚戒指弄丢了。”这名游客回答。

“您将戒指丢在大厅的哪个地方了？”酒店服务人员继续问道。

“哦，我把它丢在了酒店外面的草坪上了。”这名游客说。

服务人员不解地问：“那您为什么不到外面去找呢？”

这名游客不假思索地说：“因为外面的草坪太暗了，没有灯光。”

诚然，这只是一则逗人一笑的小笑话，但我们必须承认，在工作中有很多人每天都在错误的地方寻找他们想要的东西，这是一种精力的浪费。若想在工作中有所收获，我们就必须选择正确的目标。

深度实战：纳德拉的睡眠哲学

从 2010 年开始，万众瞩目的微软公司进入发展的瓶颈期，尽管每年还保持着盈利，但与很多“新起之秀”相比，微软似乎失去了自身的锐意与锋芒，只能眼睁睁地看着自己的竞争对手一步一步攻陷自己驻守的市场，而自己则靠着 Office 软件和 Windows 系统艰难度日。

那时候的Apple、Facebook正大展手脚忙着“改变世界”，Google也悄悄地将自己的发展方向转向人工智能，而微软却在这一时期停滞不前。微软的缓慢发展让人不由得为这家公司的未来捏一把汗。

2014年2月，就在吐槽微软即将倒下的声音不绝于耳的时候，微软宣布由萨蒂亚·纳德拉出任公司新一任CEO，纳德拉也成为继比尔·盖茨和史蒂夫·鲍尔默之后微软第三位首席执行官。

纳德拉在微软效力超过25年。在出任微软CEO之前，乍一看，他是一位勤恳忠诚的微软老兵，其实在微软内部早已是微软云计算和企业部门执行副总裁，但由于之前没有任职过任何公司CEO的职位，使许多人不禁对这个决定提出了质疑：“这位CEO能指引微软这家拥有十多万名员工的老店走上正确的轨迹，重获新生吗？”

纳德拉没有辩解，而是通过三年半的时间向微软用户交出了一份异常满意的试卷：微软的股票市值翻了将近两倍，达到了历史最高值；微软决策团队不惜重金投资Azure云计算，与多家科技公司在云服务上展开角斗；加大力度开发新产品，Surface电脑广受好评……

这一切的成果都与纳德拉密不可分，让很多当时质疑过他能力的人对纳德拉刮目相看。在一些媒体看来，微软的进步与纳德拉的辛勤工作有着直接的关系，纳德拉是否每晚向其他成功CEO那样只休息4~5个小时？

事实上，这个有关纳德拉睡眠时间的谜团早在2015年他接受ABC News的访问时就已经给出答案，纳德拉当时曾表示，他的作息时间比较规律，每晚都睡8小时，通常早上7点左右起床开始新一天的工作。纳德拉认为，良好的睡眠质量可以使自己在决策时头脑更加清晰。并且，纳德拉在接受采访时说了一句耐人寻味的话：“我想你必须有足够强大的自信，认为你在另外16个小时的时间里能够做好你的工作，这样你才有资格能安心睡上8个小时。”